살아남지 못한 자들의 책 읽기

삼중당문고 세대의
독서문화사

박숙자
지음

살아남지 못한 자들의 책 읽기

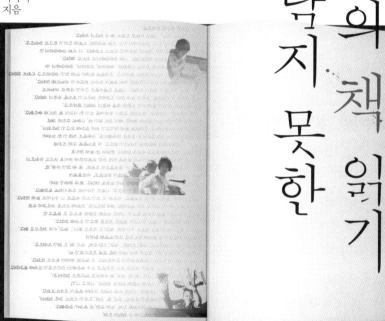

푸른역사

책머리에

Remember, 살아남지 못한 자

살아남지 못한 이들이 우리 안에 있다. 살아남고자 했지만 살아남을 수 없었던 이들, 이들의 목소리를 들리게 하는 일, 그것이 기억이다.

이를테면 한국전쟁 이후 '자유 대한'의 세상은 명랑했다. 식민지의 흔적조차 표백된 듯했다. 그러나 한 소년의 마음속에는 여전히 '국가'와 '민족'이라는 가치가 남아 있었고, 그것은 나뉘지 않는 신념이었다 적어도 한 소년에게는 그러했다. 소년이 자라 청년이 되었을 때에도 마찬가지였다. 전쟁 포로가 된 그에게 누군가 두 개의 국가 가운데 어느 국가를 선택할 것인지 물었다. 그러나 그는 "어느 국가도 선택하지 않는 편이 낫겠습니다"라고 답했다. '삶'과 '국가'를 구분지어 생각하지 않았지만, 전쟁을 거치며 삶이 지워진 생명뿐인 인간들이 속출했고, 청년은 자신이 국가 바깥에서 겨우 생명뿐인 인간이라는 사실을 깨달았다. 그는 질문을 바꿔 국가와 국가가 아니라 국가와 삶 중에서 선택해야겠다고 마음먹었다. 이 청년의 물음은 역사가 되었다.

　살아남지 못한 이들 중에 '청년'이 많았다. 살아지는 삶이 아니라 살고 싶은 삶에 대해 이야기하는 것, 이 현재 속에 도래하는 미래를 먼저 엿본 자들, 그들은 대개 '청년'이었다. '청년'이란 아직 '자기 몫'이 없는 자들이다. 그들은 대개 '지금-여기'의 삶을 영리하게 살아내는 데 관심을 두기보다 다른 세계를 엿보고 그 세계를 말하는 데 온 정열을 쏟았다. 그렇게 전후의 폐허 속에서 누구든지 '청년'이 되어야 했고, '청년'으로 살아가야 했다. 삶의 터전을 일으켜 세워야 살아갈 수 있다는 사실을, 그래서 누구라도 청년이 되어야 한다는 사실을 알았다. 그래야 길 없는 길 위에서 삶이 가능하리라 믿었다. 해방 이후의 역사는 그들이 상상한 만큼의 역사다.

Remember, 책 읽기

이 책에서는 '자유 대한'에서 '유신체제'에 이르기까지 책을 읽으며 꿈꾸며 살던 청년들의 삶을 담아냈다. 전쟁을 거치며 살아남은 자의 허기가 모든 것을 집어삼키는 시간, 그래서 때로 '제임스 딘'이 기껏해야 '오야붕'이 되는 시간 속에서 그 누구든지 책을 읽었다. 책을 읽는다는 것은 세상을 아는 것이고, 그것은 더 나은 삶을 기대하는 것이다. 그래서 누구든지 악착스럽게 매달렸다. 새로운 세상을 알기 위해, 그리고 길 없는 길을 가기 위해 이들이 붙잡을 것은 책밖에 없었다. 책을 붙잡는 것은 세상을 붙잡는 것이고, 책을 읽는 것은 다른 이들을 만나는 일이었다.

　그럼에도 한켠에서 "우리에게도 세계문학전집이 있다"고 외치며 책 읽기를 자랑삼는 이들이 있었고, 학교에서도 여전히 '책 좀 읽는 부류'와 '껌 좀 씹는 부류'가 마냥 힘을 쓰고 있었다. 하지만 분명한 것은 형의 책장에 꽂혀 있던 세계문학을 읽으며 국가가 무엇이고 인간이 무엇인지 물으며 이불 속에서 전쟁의 무서움을 견뎌낸 소년이 있었고, 한글로 된 책을 읽으며 자기만의 언어를 만들어낸 '젊은 사자들'이 큰 걸음으로 출현하고 있었다는 점이다. 또 여성에게 다른 시선과 목소리가 있다는 것을 알아가며 자기 언어로 세상을 번역하려고 한 여성이 등장했으며, 공장에서 일하는 한 직공은 《젊은 베르테르의 슬픔》을 읽으며 자신의 이야기를 만들었다. 이들에게 책을 읽는다는 것은 세상을 만나는 일이었고, 세계의 심연을 보는 일이었다. 그렇게 책을 읽는다는 것은 세상을 붙잡아 홀로 남지 않는 것, 그렇게 타인의 삶과 내 삶이 연결되어 있다는 것을 알아가는 일이었다.

Remember, 삼중당문고

이를테면, 1970년대 낙원구 행복동에 사는 한 소년도 책 읽기를 좋아했다. 이 소년의 이름은 '영수'이다. 그가 책을 읽고자 한 것은 책을 읽는 사람들 속에 속하고 싶었기 때문이다. 그에게 세상은 책을 읽은 자와 읽지 않은 자로 구분되었다. 영수는 책을 읽은 사람들이 살아가는 세상에 속하고 싶었다. 그래야 인간 대접을 받을 수 있는 '구역'에서 살아갈 수 있다고 믿었다. 그래서 인쇄소에서 나오는 자투리 교정지가 손에 잡힐 때마다 게걸스럽게 읽었다. 영수의 꿈을 누구보다 잘 알았던 동생 영희도 영수가 건네주는 교정지를 읽었다. 활자화된 것은 무턱대고 읽었다. 읽어야 살아남을 수 있다고 믿었기 때문이다.

이들에게 책값은 책을 읽는 삶만큼이나 가볍지 않았다. 그런데 1970년을 전후한 시점에 값싼 문고본 책들이 쏟아져 나오기 시작했다. 을유문고, 서문문고, 삼중당문고 등 청소년들이 쉽게 사서 볼 수 있는 책들이 작은 문고본으로 출판되었다. 그중 삼중당문고가 인기가 높았다. 비교적 쉽게 읽히는 국내외 소설이 다른 문고에 비해 많이 있었고, 무엇보다 가격이 저렴했다. 그 시절 삼중당문고는 가난한 고학생조차 자기 돈 주고 살 수 있는 책의 이름이었다.

삼중당문고는 그 시절 청년들의 서재를 이르는 하나의 상징이다. 다른 세계를 꿈꾸는 청년들의 사다리이자 마음의 양식, 그래서 오래된 미래가 될 수 있다고 믿었다. 삼중당문고는 그 시절 청년들의 꿈을 기억하는 하나의 이름이다.

Remember, 청년

이 책에서는 해방 이후부터 1970년대까지 청년들의 삶과 문화를 다루었다. 청년들의 삶을 있는 그대로 재현하고, 그 속에서 무엇을 읽고 생각하며 살아갔는지 조명하고자 했다. 책을 읽는 것은 다른 세계를 보고자 하는 것, 그렇게 다른 삶의 가능성을 엿보기 위해서이다. 그렇게 누군가의 목소리를 듣기 위해서, 그리고 삶을 견디기 위해서 책을 읽었다. 또 때로는 스스로 막다른 골목에 처했다고 느낄 때, 그렇게 같이 살아갈 만한 사람을 확인할 수 없을 때, 마지막 희망으로 책을 읽기도 했다. 그중 4명의 청년을 다시 기억해냈다. 전쟁을 거치며 국가를 선택해야 했던 전후의 청년, 1960년 4·19혁명 시간 속에서 "가만히 있어라"라는 명령을 들어야 했던 대학생, 한국적 현실 속에서 번역되지 못한 존재로서의 '여성', 그리고 근대화의 숨은 공신으로 일했던 소년들의 이야기를 담아내었다. 이들의 이름은 '준', '정우', '혜린', '태일'이다. 이들은 소설 속 인물이기도 하고, 실제 인물이기도 하며, 다른 이들을 대신하는 이름이기도 하다.

원래 해방 후 책 읽기 문화사를 《삼중당문고의 추억》이라는 제목으로 준비하고 있었는데, 2014년 4월 이후 원점에서 다시 시작하게 되었다. 해방 후 역사를 담아내는 글 속에서 '살아남지 못함'에 대한 기억과 애도가 필요하다고 생각했기 때문이다. 제대로 살아남기 위해 다른 이들의 목소리를 듣고자 했던 청년들, 이들의 고민 속에 한 시절의 풍경이 고스란히 담긴다. 준과 정우, 혜린과 태일에게 '책'이란 세상의 문을 여는 손잡이였다. 그래서 그들은 책을 읽으며 어떻게 삶다운 삶을 만들어내는지 물었고 엿보았다. 그들이 읽어낸 세상에서 지금 우리가 살고 있다. 이를 통해 나와 너가 연결되고 있다. 그럼에도 '살아남지 못한 자'는 우리가 발 딛고 사는 세계에 들씌워진 가면을 잠시 벗겨낸 자리에 남아 있는, 아물지 않는 상처이다. 그래서 우리 삶과 역사는 그 상처와 고통에 빚지고 있다. 살아남지 못한 이들의 목소리를 들리게 하는 일, 그로부터 살아남은 자들의 이야기가 시작되었으면 한다. 기억은 그러해야 하지 않을까. 저만치 놓인 이들의 삶을 다시 읽는 것으로 책 읽기가 다시 시작되었으면 한다.

내내 쓰이지 못한 글이 이제야 완성되려고 한다. 그들이 기다린 시간이 도래했기 때문이다. 길이 길로 말해지고, 말이 말로 말해지며, 법이 법으로 선포되는 시간, 누군가의 바람이 또 다른 이들의 바람으로 만나는 시간, 홀로 내버려지지 않은 채 같이 서 있을 수 있는 시간이 그렇게 왔다. 그렇게 먼 시간을 돌아서 광장에 오기까지 오랜 시간이 걸렸다.

　2016년 11월 광장은 그간 살아남지 못한 자들과 살아남은 자들이 서로의 존재를 기억해내는 장소이고, 멈춘 시간을 흐르게 하는 새로운 출발의 시간이다. 그 기억과 기억, 길과 길의 만남 속에서 비로소 광장이 열리고 있다. 이 속에서 수많은 목소리들이 되살아나고 있다. 준, 정우, 혜린, 태일을 비롯해서 세월호 희생자와 백남기 어르신 그리고 구의역과 강남역 등 곳곳에서 살아남지 못한 자들이 다시 살아나고 있다. 그렇게 믿고 있다. 그러므로 읽어야 하는 것은 그들의 목소리이고 그들의 말일 것이다. 그리고 그들의 삶과 내 삶을 연결하는 일일 것이다.

　기억은 광장으로 가는 길이다.

2016년 11월 29일 광화문에서

박숙자

1 국가, 난민, '준'

2 대학생, 가만히 있어라, '정우'

3 여성, 한국적 현실, '혜린'

4 소년, 법과 밥, '태일'

1

국가, 난민,
'준'

1945년 해방이 되었고, 1953년 정전이 되었다. 거리 곳곳에서 〈이별의 부산정거장〉과 〈닐리리 맘보〉가 동시에 울려 퍼졌다. 이미 '자유 대한'의 세상이었다. 청계천 천변에는 일본인들이 남기고 간 서적들이 잔뜩 쌓여 있었으나, 사람들은 한글로 된 책들에 더 열광했다. "바둑아, 바둑아 이리 와. 나하고 놀자"라며 바둑이를 부르는 철수가 등장하는 《국어》교과서가 출간되었다. 다들 새로운 세상을 맞이하기 위해 책을 읽었다. 살아남았지만, 겨우 살아남았다는 생각에 다들 게걸스러웠다. 사람들은 배가 고팠고 책 읽기도 마찬가지였다. 그러나 "전우의 시체를 넘고 넘어" 겨우 살아남았지만 그저 잉여인간으로 살아남았다고 느낀 한 청년은 책 읽기가 사치라고 생각했다. 그만큼 청년들은 절박했다. 《국어》교과서에서 미래 국민의 이름으로 '철수'를 호명했으나, 그 청년은 자신이 '철수'가 아닐지도 모른다고 생각했다.

이를테면 최인훈의 소설 《회색인》과 《광장》속에 등장하는 '준'도 그러했다. 준은 전쟁을 거치며 북한에서, 또 남한에서 살아냈지만, 그 와중에 내게도 국가가 있다는 믿음으로 버텼다. '국가'는 그렇게 지켜져야 하는 신념이자 가치였다. 그럼에도 불구하고 '준'이 결국 국가 밖에 놓이게 된 이야기를 담았다.

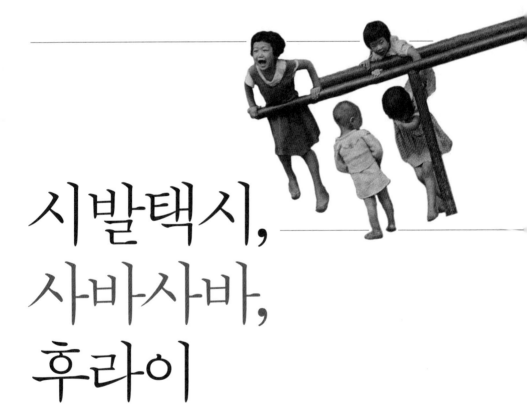

시발택시,
사바사바,
후라이

한국전쟁 직후였던 1955년, 대한민국의 길을 열어나갈 시발택시의 시대가 열렸다.[1] 시발택시의 발음은 퍽 거북살스러운 면이 없지 않았지만, 어디까지나 새롭게 시작한다는 의미이다. '이제 시작'이라는 뜻, 시발始發. 3년 전쟁을 마치고 이제 본격적으로 시작해보자는 의미가 나름 그럴 듯했다. 그해 8월, 시발택시가 선보였다. 부품 국산화율이 50퍼센트가 넘는다고 최초의 국산 자동차라 했지만 실은 전쟁 때 쓰던 엔진을 재활용해서 만든 '미국제' 자동차였다. 이 자동차는 서울의 구석구석을 휩쓸고 다녔다. 종로에서 영등포, 마포에서 명동까지 3,000대의 시발자동차는 시내 곳곳을 누볐다.[2] 미국제 엔진은 힘이 세다.

살아남은 자들의 허기

미국제, 일명 '미제'는 단지 자동차뿐만이 아니었다. 해방 후 대한민국은 순식간에 '미제'의 세상이 되었다. 미제 딱지가 붙은 초콜릿이건 미제 딱지가 붙어 있지 않은 밀가루건 '미제'라면 마냥 좋아했다. 품질 때문이 아니었다. 너무 배고픈 게 이유라면 이유였다. 하루라도 배고프지 않은 날이 없었다.[3] 밤마다 배고파 우는 동생을 달래기 위해 찬장 깊숙이 고이고이 숨겨둔 고구마 한 조각까지도 뱃속에 집어넣어야만 잠을 잘 수 있었다. 늦은 밤 부엌에 숨어드는 것은 생쥐와 다르지 않았다. 그래서 "계통 없이 처먹고 있다"고 보일 만큼 묻지도 따지지도 않고 먹었다.

근처에 미군부대라도 있을라치면 그건 그저 달콤한 무엇에 대한 상상으로 이어졌다. 그뿐이었다. "기부 미 쪼코렛토"라는 어쭙잖은 말로 초콜릿을 얻어먹는 축들이 있다는 소문이 있었지만 그것조차 먼 나라 이야기 같았다.

스무 살도 넘을까 말까 한 노는 계집애와 머리가 고슴도치처럼 부수수하게 일어난 쓰메에리의 학생복을 입은 청년이 들어와서 커피니 오트밀이니 사과니 어수선하게 벌여놓고 계통 없이 처먹고 있다.[4]

밀가루, 옥수숫가루가 우리네 식탁을 점령하게 된 데는 미국의 잉여농산물 처리 의도가 작용했다. 그래서 전국 여기저기에서 밀가루 향연이 펼쳐졌다. 원조와 배급으로 주어진 밀가루는 어찌 되었든 한

전후의 피폐한 경제난 속에서 '미국'은 부유하고 자유로운 국가로 상상되었다.
사진은 미군병사에게서 먹을 것을 얻는 어린이들 모습.

국인의 입맛을 바꿔놓았다. 밀떡볶이가 궁중떡볶이의 자리를 이어갔고, 옥수수빵이 학생들 급식으로 배급되었으며 밀면이 냉면처럼 엇비슷하게 그 자리를 대신했다. 밀가루가 전국 각지에서 인기리에 '기부미' 되고 있다는 얘기가 돌면서 결국은 대통령을 만들었다는 풍문까지 그럴듯하게 들려왔다. 1963년 대선을 앞두고 태풍으로 식량난이 심해지면서 수재민들에게 밀가루를 배급해 표심을 산 '밀가루 대통령'이 탄생했다는 얘기였다. '밀가루'와 '대통령'이 나란히 얽히는 사태가 상당히 낯설었지만 미국에서 원조 받은 밀가루가 선거 당락을 갈랐다는 알듯 말듯한 소문이 꽤 설득력 있게 떠돌았다.[5] 역시 밀가루는 힘이 셌다.[6]

문리대와 성균관대 사이에 있던 명륜시장에선 펄펄 끓는 맹물에 밀가루 반죽을 떼어 넣고 참기름 한 방울과 간장으로 간을 한 '엉터리 수제비'를 팔았다. 그것도 없어서 못 먹었다. 종로 6가엔 동대문극장이 있었는데 '꿀꿀이죽'(미군들이 먹다 버린 찌꺼기들을 모아 끓여낸 잡탕죽)을 팔았다. 단돈 10환이면 철철 넘게 한 그릇을 주는데 미군들 잇자국이 난 소시지도 맛있는 먹을거리였다.[7]

밀가루는 밀가루에 그치지 않았다. 빵, 국수, 라면에 이어 떡볶이까지 대한민국 전체가 밀가루로 가난의 빛을 잠시 지웠다. 뿐이랴. 밀가루가 아니어도 괜찮았다. 미군부대에서 버린 각종 먹거리를 한데 넣어 끓인 꿀꿀이죽도 인기였다. 가끔 꿀꿀이죽에서 있어서는 안 될 것이 나와도 눈 질끈 감고 게걸스럽게 먹어치울 정도로 가난했다. 아니 가난이라는 말도 나오지 않을 만큼 그냥 배가 고팠다. 배가 고파서 먹거리의 출처를 묻지도 따지지도 않았다.

아무도 묻지 않았지만 이 음식들이 어디에서 나오는지 알았다. 아름다운 나라, 일명 미국美國. 혹자는 "정말 미국에 가고 싶었다. 누군가 나를 미국으로 데려가만 준다면 그들의 똥구멍이라도……"[8]라는 다소 험한 표현을 입 밖에 내었다. 하지만 현실은 그보다 더 험했다. "미제라면 양잿물도 마신다"는 말이 오갔다. 이는 단지 '미국'이나 '밀가루'에 한정된 문제가 아니었다. 어쩌면 굶주리지 않고 잘 살고 싶은 마음의 표현일지도 몰랐다. 그 시절 그런 마음은 종종 '자유'로 오해되었다.[9]

어이없게도 우리 집 식구들은 온통 미국열에 들떠 있는 것이다. 인제 겨우 열한 살짜리 지현이년만 해도, 동무들끼리 놀다가 걸핏하면 한다는 소리가, "난 커서 미국 유학 간다누"다. 그게 제일 큰 자랑인 모양이다. 중학교 이학년생인 지철이는 다른 학과야 어찌 되었건 벌써부터 영어 공부만 위주로 하고 있다. 지난 학기 성적표에는 육십 점짜리가 여러 개 있어서 대장이 뭐라고 했더니 "응, 건 다 괜찮아. 아 영얼 봐요. 영얼요!" 하고 구십팔 점의 영어 과목을 가리키며 으스대는 것이었다. 영어 하나만 있으면 다른 학과 따위는 낙제만 면해도 된다는 것이 그놈의 지론이다. 영어만 능숙하고 보면 언제든 미국 유학은 가능하다는 것이다. 우리 오 남매 중에서 맨 가운데에 태어난 지웅이 또한 마찬가지다. 고등학교 일학년인 그 녀석은 어느새 미국 유학 수속의 절차며 내용을 뚜르르 꿰고 있다. 미국 유학에 관한 기사나 서적은 모조리 구해가지고 암송하다시피 하는 것이다.[10]

자유는 맘껏 누릴 권리야

자유는 그렇게 어려운 단어가 아니었다. 누군가는 외출할 때 얼굴에 바르는 화장품처럼 사서 쓸 수 있는 것처럼 사용했다.[11] 1954년 신문 연재를 시작한 정비석의 소설 《자유부인》에서 '자유'와 '부인'을 동시에 연기한 주인공 선영에게 '자유'가 무엇인지 묻는다면 답은 간단했다.[12] "고로 문제는 자본"이라고 일갈할 것이다. 그녀에게 자유란, '파리양행'에 있는 물건을 파리 마담처럼 맘껏 사서 즐길 수 있는 권리, 댄스장에서 몸의 열기를 발산할 수 있는 권리였다. 즉 자유는 돈으로 맘껏 누릴 수 있는 부유함과 다르지 않았다. 아니 그렇다고 생각했다.

자유로운 건 부유함이고 부유함은 미국과 같은 말이었다. 미국이나 자유를 추종한다는 말보다 "자유는 맘껏 누릴 권리야"라고 말하는 것이 더 간단했다. 《자유부인》에서 선영은 미군 댄스홀에 들어서는 순

영화 〈자유부인〉(1956)의 한 장면. 주인공 오선영이 일하는 양품점 '파리양행'은 한국전쟁 이후 유입된 물질문명이 전시되고 교환되는 장소였다.

간 "너무나 화려한 눈앞의 광경에 정신을 차리기가 어렵도록 황홀"했
다. '황홀'하다는 표현은 지나치지 않았다. 그것은 '파리양행'과 그 건
너편에 있었던 '25시 다방'과 그곳에서 팔던 위스키와 코코아를 다 합
한 것보다 황홀한 것이었다. 미국 작가 스콧 피츠제럴드의 소설《위대
한 개츠비》속의 개츠비가 주말마다 파티를 열며 황홀한 신세계를 연
출했던 것처럼, "미국은 개도 저렇게 호강하는구나"[13]라고 말할 수 있
는 어떤 것이었다.

　미국은 세계 여러 나라 중 하나가 아니었다. 운동회 날 운동장에 걸
리던 만국기 중 하나로 설명될 수 있는 그런 나라가 아니라 그 만국기
전체를 휘날리게 하는 세계의 절반이었다. 1951년 약 90퍼센트의 미
국 가정에 냉장고가 있었으며, 전 세계 가전제품의 80퍼센트가량을
미국인이 쓰고 있다는 얘기가 흘러나왔다.[14] 세계 인구의 5퍼센트에
불과한 미국인이 나머지 95퍼센트가 가진 재산보다 많으며, 남아도

1950년대는 미국의 원조경제와 함께 서구 문화도 동시에 이입되었는데, 가장 독보적이
었던 것은 힐리우드 영화였다. 한 신문에서는 자유당 정권 하에 가장 흔한 것이 영화 광고라고 언
급하기도 했다. 사진은 영화관 매표소 앞의 어린이들(한영수문화재단).

는 돈으로 거대한 유리를 씌운 우주식민지를 세울 거라고 얘기했다.[15] 미국은 하나의 나라가 아니라 세계의 반쪽이었고 '꿈의 공장'이었다.

안정효의 소설 《헐리우드 키드의 생애》에서 당시 국민학생이었던 병석이는 "우리들은 헐리우드를 홀리우드holy wood로 잘못 생각했다" 고 했다. 일본에서 성림聖林이라고 불렀기 때문에 홀리우드라고 생각한 것인데, 사실 헐리우드 영화는 낙원의 이미지였고 그래서 '홀리우드'라고 해도 틀리지 않을 듯싶었다.[16]

미국은 '행복함'의 현실적 이미지였다. 그건 어디까지나 1950년대 가난한 나라 대한민국에서 그렇다는 거였다. 물론 1951년 J. D. 샐린저의 소설 《호밀밭의 파수꾼》 속의 16세 소년 홀든은 다르게 생각했다. 미국은 왕도 아닌 게 왕인 척하는, 참을 수 없는 존재들의 세상이라고, 아이들 발밑에 벼랑을 만들어 놓고 '건전한 사고'와 '경쟁'을 미덕으로 외치고 있는 나라라고 말이다. 병석이와 홀든의 얘기를 종합해보면 힘이 센 건 결국 '미국'일지도 몰랐다.

먹거리만 자유로운 게 아니었다. '말'은 그보다 더 빠르게 '계통 없음'을 알리바이 삼아 거리를 부유했다. 수많은 단어들이 합체하며 새로운 세상이 도래하고 있음을 신나게 알렸다. 여성의 치마를 지칭하는 이름으로 A라인, H라인, 후레야, 타이트, 헵번스타일이 유행을 탔고, '자유부인'의 결합만큼이나 낯선 '럭키 치약'과 '해태 캐러멜' 등이 불티나게 팔렸다.[17] '슈사인 보이', '닐리리 맘보', '홍콩아가씨' 등으로 세상이 온통 국제시장 꽃분이네 수입상을 통해 전해지는 것처럼 변해가고 있었다. 흔하디흔한 대중가요에 "니콜라이의 종소리가 울려 퍼진다"는 구절을 접하고 보면 어디까지가 정말 우리 것인지 헷갈리는 게 사실이었다.

한 아이가 태어나면 캐시밀런 포대기에서 플라스틱 젖꼭지로 밀크를 빨고 조금 크면 조오니 크래커 스마일쿠키 코코낫 비스켓 등을 먹고 콜라 환타 오렌지 등을 마시며 텔레비전을 보고 브라보, 넉아웃을 연발한다.[18]

물론 이것은 20여 년이 지난 시점에서 돌아본 사태였다. 누군가 이런 것을 보며 역시나 "계통 없다"고 했으나 사실 이는 먹어야 하는 현실 앞에선 그리 중요하지 않았다.

일본의 흔적도 여전했다. 십 년이면 강산도 변한다고 하는데 일어 사용은 여전했다. 아침에 벤또라도 싸려거든 다꾸왕이나 덴뿌라 등을 찾았고, 와리바시도 챙겨야 했다.[19] 뿐만 아니라 한 코미디언은 "인천 앞바다에 사이다가 떠도 '곱뿌' 없으면 못 마신다"고 했다. 또, 이승만의 양자였던 이강석을 사칭하고 다닌 강성병이 법정 진술에서 "자유당 정권의 부패상을 시험해보자는 것도 내 범행 동기의 하나였다. 돈만 있으면 언제라도 '사바사바'해서 뭐든지 할 수 있는 게 오늘의 세태가 아니냐"[20]라고 말했다. '사바사바' 또한 자유당 정권의 부패상을 꼭 집어 나타낸 단어였다. '곱뿌'와 '사바사바'는 한국어 문장에 딱 들러붙어 대체불가의 단어처럼 쓰였다. 그 말이 흠이 되지 않았다.

어쨌거나 '제임스 띵'처럼

그러나 《자유부인》의 선영이나 《헐리우드 키드의 생애》의 병석이가 발 딛고 살고 있는 현실은 미군부대나 단성사가 아니었다. 전후의 폐허가 그대로 남아 있는 가난한 한국일 뿐이었다. 최인훈의 소설 《광장》의 이명준이 내뱉은 것처럼 "미군부대 식당에서 나오는 쓰레기를 받아서 그중에 깡통을 골라내 펴서 양철을 만들고 목재를 가려서 소위 문화주택 마루를 까는……브로커의 무리"만 득실대는 곳, 그렇게 피난민의 유전자가 내장된 채 자기 생존만을 쫓게 된 사람들이 판치는 곳일지도 몰랐다.[21]

헐리우드 이미지가 마냥 좋았던 게 아니라 지금 발 딛고 사는 현실을 거부하고 싶었을 뿐이다. 그래서 45도 각도로 세상을 삐딱하게 바라보는 미국 영화배우 제임스 딘이 한눈에 들어왔다. 한국에서 유독 말론 브란도와 제임스 딘이 인기를 끌었던 것은 단지 청바지나 가죽재킷 때문이 아니라 '이유 없는 반항'이 가진 분위기 때문이었다. 제임스 딘의 눈빛에서 풍겨져 나오는 반항의 이유가 무엇이든지간에 그 눈빛이 한눈에 이해되었다. 그래서 경복궁 주위를 어슬렁거리는 '세븐스타' 등과 같은 왈패들도 기꺼이 제임스 딘의 아류가 되기를 원했다.

신문배달 아이들이 사무를 인계하는 날
제임스 띵 같이 생긴 책임자가 두 아이를
데리고 찾아온 풍경이
눈雪에 너무 비참하게 보였던지
나는 마구 짜증을 냈다.[22]

물론 이런 사태가 맘에 들지 않았던 사람도 있었다. 흉내만 내는 제임스 딘이 마땅치 않았기 때문이다. 시인 김수영의 얘기다. 시인은 어느 눈 오는 이른 아침 문 두드리는 소리가 나서 문 밖에 나가 보았는데 그간 신문을 배달했던 소년 2명과 "제임스 띵 같이 생긴 책임자"가 미수금 운운하며 닦달하는 게 아닌가. 짐작컨대 이제까지 신문배달

소년들—그중 한 명은 '구' 배달자이고 또 한 명은 '신' 배달자이리라
—이 인수인계하면서 '제임스 띵 같이 생긴 책임자'를 대동하여 신문
대금을 받으러 나타난 것이다. 김수영은 이 두 소년 사이에서 '오야
붕' 노릇하는 책임자가 못내 마음에 들지 않았다. 그 모습은 '자유당
때와 민주당 때와 지금의 악정惡政'을 생각나게 하는 '오야붕'의 모습
과 비슷해 보였기 때문이다. 그러므로 김수영을 몰아세운, 이 제임스
딘을 닮은 '제임스 띵'은 '제임스 딘'이 아니라 '오야붕'이었다. 그는
제임스 딘처럼 생겼지만 결국 오야붕이고, 오야붕이 한 일이란 눈 오
는 날 아침 자신을 불러 세워 닦달한 것밖에 없었다.

　김수영은 '제임스 띵'이 제임스 딘을 닮은 오야붕임을 한눈에 알아
보았다. 제임스 딘은 그렇지 않았으나 '제임스 띵'은 그러했고 '제임
스 띵'이 데려온 두 아이들은 더더욱 비참했다. 물론 이렇게 조그마한
일에 분개하는 자신이 밉고 싶었다. "바람아 먼지야 풀아 나는 얼마큼
작으냐 정말 얼마큼 작으냐"[23]라고 말하고 싶었다. 겨우 '제임스 띵'
아니겠는가.

　당시 전 세계 젊은이들은 제임스 딘의 빨간 재킷에 열광했다. 그 빨
간 라이더 재킷은 나일론 재질이었다. 나일론 재질의 빨간 재킷, 그것
은 면직 중심의 의복이 나일론으로 바뀌고 있다는 사실을 어렴풋하게
보여주는 복선이었다. 나일론 바지, 나일론 재킷, 나일론 양말. 누군
가 나일론은 혁명이라고 했다. 나일론은 튼튼하다고 했다. 미국 낙하
산을 만든 천이라고도 했다. 웬만해서는 구멍이 나지 않는다고 했다.
또 최고의 직장으로 '한국나이론'이 꼽혔다. 직원 120명 모집에 9,000
명이 몰렸다고 했다. 겉보기엔 튼튼하고 삐가 번쩍한 나일론이 겉만
화려한 것이라는 것을 알 만한 사람은 다 알았다. 어쨌든 나일론 세상
이 도래하고 있었다. 겉보기만 번지르르한 '자유'의 세상이었다. '자

유부인'의 자리에 '자유 대한'이 오고, 그 자리에 나일론 세상이 도래하는 사이, 《호밀밭의 파수꾼》의 소년 홀든은 다시 전쟁이 난다면 원자폭탄 위에 매달릴 거라고 말했다. 나일론 세상은 견딜 수 없었다.

그렇게 봄날은 가버린 것 같았다. "연분홍 치마가 봄바람에 휘날리더니"라고 시작되는 절절히 감기는 노래, 이미 흘러가버려 붙잡을 수 없는 것들에 대한 아련함. 아직 어린 나이였지만 봄날을 맞아 보지도 못한 채 늙어버린 청춘들이 애잔했다.

해적판,
금서 혹은 우량도서

청계천으로 갈까, 명동으로 갈까. 이런 고민이 우스울지 몰랐다. 해방 이후 일본인들이 버리고 간 것은 '적산가옥'만이 아니었다. 집안에 있던 한국의 골동품과 고서화 등은 인사동으로 흘러갔고, 책은 청계천에 버려졌다.[24] 청계천에 잔뜩 쌓인 일서日書는 담배 한 갑 가격으로 몇 권을 살 수 있었지만 김성칠의 《조선역사》가 더 반가웠다.[25] 그 후 골동품과 그림은 미군이 사들였지만 청계천변에 가득 쌓여 있는 일서들은 그리 인기가 높지 않았다. 이제 대세는 일서가 아니라 양서洋書였다.

한국전쟁 이후 1960년대 초까지 서울 명동에는 미군부대에서 흘러나온 책들이 많았다. 사진은 헌책방 매대에서 영어책을 보고 있는 아이 모습(한영수문화재단).

소설에서 참고서까지 해적판 전성시대

사실 명동에는 미군부대에서 흘러나온 책들이 넘쳐났다.[26] 외국 책이 들어오는 통로는 다양했다. 1958년 세계도서관협회 가입 이후 도서관으로 외국 책이 들어오는 절차와 경로가 안정되기 전까지, 외국 책은 그냥 일본어 번역판을 읽는 편이 빨랐다. 물론 중역重譯의 흔적, 혹은 일서의 흔적을 지우는 일도 손쉽게 이루어졌다. 이른바 해적판 출판이 그것이다. 저작권이 인정되지 않은 상태여서 더했다. 출판 일을 처음 해보는 후배에게 긴히 전하는 요령으로 해적판 출판이 권해졌다.[27]

해적판이란, 저작권료를 지급하지 않은 채 일본어 번역판을 요령껏 우리말로 번역하거나 번역도 생략한 채 출판하는, 이른바 불법 복제한 책이었다. 당시 신조어로 말하자면 일종의 '쌔벼치기'로 저작권료를 내지 않고 새치기해서 그 이익을 보는 것을 말한다. 당시 이 일은 크게 흉이 아니었다. 지적재산권이란 듣도 보도 못한 개념이었다. 먹는 것, 입는 것조차 구차한 마당에 지적재산권이라니. 영화 〈맨발의 청춘〉의 두수가 들으면 콧방귀도 뀌지 않을 일이었으며 '쇼리 킴'[28]이 들었다면 아마도 양키들의 말쯤으로 이해했을 것이다. 해적판이 대한민국 문화에 미친 영향은 가히 '밀가루' 만큼이나 대단했다. 여전히 '한국의 현실'이 발목을 잡았다. 책 자체가 귀중했던 시대에 각종 절차는 구차했다. 이는 대한민국 정부도 다르지 않았다. 해적판 단속을 매달 돌아오는 외상값 갚기 정도로 이해했던 상황에서 해적판의 위험성을 만천하에 알리는 것은 말만 번지르르한 정의 같았다.

해적판은 공공연했다. 1970년대까지 입시문제 출제에 일본의 문제집을 참고한다는 얘기가 공공연히 나돌았고, 공부 좀 한다는 축들은 일본 책을 참고했다. 1966년《수학의 정석》이 등장하기 전까지, 실은 그 이후에도 입시 관련 서적이 일본 책을 참고한다는 소문이 떠돌아다녔다. 이는 수학뿐만 아니라 다른 과목도 마찬가지였다.

수학문제뿐 아니라 국어 영어 사생 등도 고교교육 입시출제 대학교육에는 일관성이 없다는 것이다. 셰익스피어의 문장이나 무명시인의 시이든 교과서에서 나온 영어문제이거나 일본 참고서에서 복사된 수학문제이든 일류대학의 출제는 그들의 바이블이다.[29]

해적판은 법리적인 용어일 뿐 현실에서는 관행이자 정석이었다. 영화 〈맨발의 청춘〉도 그러했다. 신성일과 엄앵란 주연의 이 영화는 후지와라 신지의 《泥だらけの純情》의 표절작품이었다. 그럼에도 〈맨발의 청춘〉은 한국적 현실에 잘 흡수되었다. 가난한 깡패로 등장하는 주인공의 이름은 두수頭首, 한자 그대로 풀면 '오야붕'이라는 뜻이다. 그는 가진 것도 없고 내세울 것도 없었지만 옷만은 한국의 제임스 딘처럼 입었다. 여주인공 이름은 요안나, 하늘하늘한 드레스 잠옷과 서양식 식사는 그렇다 쳐도 엄앵란이 음악회 가는 길에 입었던 드레스, 신성일 방에 놓인 붙박이 침대 등은 '계통 없음'의 증거였으나 아무렇지 않게 흡수되었다. 한국의 현실에서도 억지스러웠으나 하등 문제되지 않았다. 아무것도 없는 청년, 그러나 순정을 바치는 청년의 이야기는 1960년대 무수한 청춘들의 속내를 자극했다.

눈물도 한숨도 나 혼자 씹어 삼키며
밤거리에 뒷골목을 누비고 다녀도
사랑만은 단 하나에 목숨을 걸었다

거리에 자식이라 욕하지 말라

가수 최희준은 영화 〈맨발의 청춘〉의 주제가에서 "눈물도 한숨도 나 혼자 씹어 삼키며" "사랑만은 단 하나에 목숨을 걸었다"고, "거리에 자식이라 욕하지 말라"고 노래했다. 비록 현실은 거리의 자식이어서 홀로 눈물을 삼키지만 '순정'만은 가지고 있다고 말해주었다. 그렇게 가난한 거리의 청춘을 위로했고 다독였다. '맨발'의 시대에 '해적판'은 큰 흠이 되지 않았다. 길거리의 청춘만 가난했던 게 아니라 한글로 쓰인 출판물 자체가 빈곤했다. 1950년대 후반 각종 명작들이 전집으로 출판되기 직전까지 요약본이 난무했고, 그래서 각종 서적이 '다이제스트 판'으로 출판되었다. 또 일본 소설은 실시간 해적판으로 번역되었다. '허기'는 알리바이가 되어 국경조차 쉽게 넘었다.

너 때문이야, 네 잘못이야

우리 출판계의 몰지각성을 끄집어내어 욕한다는 것은 즐거운 일이 아니다. 이런 즐겁지 못한 일들이 그러나 출판문화 자체의 명예를 깎고 앉아 있다면 어떡할까? 일본 《조일신문》은 동지의 사업의 하나로 천만 원 현상 장편소설을 모집, 삼포능자라는 주부작가를 내놓았다. 《빙점》이라는 작품. 이 작품은 8월 27일 현재 260회 연재 중이다. 이 《빙점》이 단행본으로 나왔다. 아담한 정장으로 꾸며져 서가에 기어 나온 것이다. 그런데 나온 곳은 작품의 고장인 동경 거리가 아니라 서울이다. 저쪽은 아직 신문연재 중인데 이쪽선 벌써 한 권의 책으로. 그뿐인가 모 민간방송국에서는 조용한 밤 시간을 골라 제 딴엔

아주 친절하게 이것을 장기 연속 낭독하고 있어 서울에 있는 일인들마저 고개를 갸우뚱. 당사자들은 이것도 문화 수입이라고 우길지 모르나 이런 식의 '졸속 절도 수입'으로 우리 문화가 발전된다고 생각하는지? 그들의 출판문화 윤리엔 그저 답답하기만.[30]

일본《조일신문》에 연재 중이던《빙점》이 저자의 허락도 없이 한국에서 먼저 출판되었다. 연재되고 있는 소설을 아무런 절차 없이 그대로 출판한 것이다. '파렴치하다'는 비난을 듣는 것에서 더 나아가 국가 위신을 추락시키는 비양심적 출판이라고 얘기되었다. 그럼에도 라디오 방송국에서《빙점》의 '장기 연속 낭독'을 시작했기에 독자들의 반응이 더 뜨거웠다. 방송도 방송이지만 일본 소설의 정서가 한국인에게 딱 맞았다. 1962년 베스트셀러였던 이시자카 요지로의《가정교사》나 1965년 출판된《빙점》이 그러했다. 가정교사를 사이에 둔 형제간의 암투가 주 내용인《가정교사》, 아이의 죽음과 이를 둘러싼 음모와 증오 등의 문제가 결부된《빙점》은 한국 문화에 깃든 복수와 증오, 죄의식에 대한 문제를 수면 위로 끌어올렸다.

《빙점》은 1990년대까지 지속적으로 리메이크 될 정도로 드라마틱했다. 여하튼 1965년《빙점》의 서사는 전후세대가 가지고 있는 감정이 무엇인지, 어떤 감정에 휩싸여 있는지 잘 보여주었다.

파렴치한 일서 해적번역판이 시중에서 판을 치고 있어 양식 있는 시민들의 빈축을 사고 있다. 한국예술문화윤리위원회는 현재 서가의 베스트셀러로 되어 있는《빙점》등의 단행본을 국가 위신을 추락시키는 비양심적 출판으로 단정, 공보내무장관 및 대한출판문화협회에 출판사의 등록취소 등을 요구하는 건의서를 내놓았다. 예륜에서 국

"인간의 비극 속에 원죄를 추구하는 감동의 대 로망"을 내세운
《빙점》의 광고(《경향신문》 1965. 11. 20).

《빙점》은 저작권과 무관하게 여러 출판사에서 동시 발간되었다. 사진은
이시철 번역의 《빙점》(미우라 아야코三浦綾子, 한국정경사, 1965).

민의 지탄을 받을 출판으로 지적한 것은 다음과 같다.

일본 《조일신문》에 연재 중인 미우라 아야코의 소설 《빙점》을 그 일부만 번역하여 해적판으로 출판해내었다. 일본에서는 연재 중이기 때문에 책으로 출판되지 않은 것이 우리나라에서 먼저 단행본으로 나왔다 해서 《조일신문》 사회면에 톱기사로 취급되었다. 마치 우리

나라 문화가 일본의 식민지 문학 구실밖에 못하는 듯 그들은 비웃었다.[31]

이를테면 《빙점》은 세 살배기 아이의 죽음으로 시작한다. 이 사건은 신경쇠약에 걸린 스무 살 청년이 저지른 범죄인데, 이 작품이 특이한 것은 왜 이런 사고가 벌어졌는지에는 관심을 두지 않는다는 점이다. 가족을 둘러싼 사회와 안전관리망에 대해 묻는 것은 고사하고라도, "내가 이 아이를 지켜내지 못 했어"라고 고백해야 하는 지점에서 '내가'라고 말하지 않고 "네가 왜 아이를 지키지 못 했니"라고 물었다. 그래서 부부 사이에 놓인 의심과 질투를 노골적으로 부각시키며 '죄의식'의 서사를 '증오'의 서사로 바꿔냈다. 《빙점》의 광고지 문안에는 판도라의 뚜껑이 열리자 인간의 사악한 감정들이 쏟아져 나왔다고 얘기했다. 그래서 이 소설은 자식 잃은 부모의 고통을 지워버리고 그 자리에 부부간의 의심과 질투를 채워 넣었다. 사정이 이러하니 아이를 잃은 어머니의 감정은 자세히 묘사되지 않았다. 아이 잃은 어미가 그저 입원하고야 말았다는 식으로 처리되었다. 서술자의 시선은 오직 의심과 질투에 눈이 먼 아비의 복수욕에만 집중되었다.

루리코는 죽임을 당했다. 범인의 자식을 맡아 기른다는 것이 과연 가능할까? 도저히 안 돼. 절대로 할 수 없는 일이야! 그럴까? 절대로 안 될까? 범인의 자식을 나는 사랑할 수 없을까? 게이조는 나쓰에의 목에 남아 있던 키스 마크를 생각했다. 질투로 핏빛이 시커멓게 변할 것 같았다. 나쓰에에게 사이시의 자식을 기르게 하는 거야! 게이조는 어느새 큰길가의 벤치에 앉아 있었다. 커다란 짐짝을 둘러멘 군복 차림의 사나이가 쨍쨍 내리쬐는 햇볕에 그는 얼굴을 똑바로 들고 게이

조의 앞을 지나갔다. 쌀이나 그 비슷한 것을 암매하는 사람인 것 같
았다. 다음에 지나가는 신사복 차림의 사나이가 허리를 굽혀 무언가
를 집어 들었다. 사나이는 그것을 손으로 털어서 입에 물었다. 담배
꽁초였다. 게이조는 눈길을 돌렸다.

'패전 후의 몹시 어수선한 세상이다. 그런데 나는 나 혼자의 증오심
과 슬픔 속에 빠져 있다.' 게이조는 벤치에서 일어나 다시 어슬렁어
슬렁 걷기 시작했다. 나쓰에가 언제 도착할지 알 수 없었다. 알았다
고 하더라도 마중 나갈 기분이 나지 않았다. 게이조는 바바리코트의
호주머니에 양손을 쑤셔 넣고 천천히 걸어갔다. 9월도 중순에 접어
들어 산책하기에는 바람이 약간 쌀쌀했다. 시계탑의 종소리가 바람
을 타고 들려왔다.

  '나쓰에가 과연 사이시의 자식을 마음에 들어 할까? 사이시의 자식
은 마르고 보잘 것 없는 원숭이 같은 아기일지도 몰라?'[32]

《빙점》은 전후의 울울하고 무거운 죄의식을 증오로 바꿔내는 막장
의 신공으로 한국인의 심성에 찰싹 들러붙었다. 그래 너 때문이야, 네
잘못이야. 이런 이야기가 비극적 현실에서 뿌리를 내렸다. 냉전 시대
와 '증오'의 감정은 찰떡궁합이었다. 불면하고 찜찜했던 죄의식의 옷
을 홀랑 벗어버리자 악다구니가 들끓는 '증오'의 서사가 그 자리를 차
지했다. '무엇'에 대해 묻는 대신 '누구'로 연결시키는 상상력은 대단
했다. 막장과 위안의 서사는 그 뿌리가 같았다. 한국인들의 응어리진
마음을 돌보는 일이 필요했지만 여전히 먹고사는 일이 급했고 책이
귀했다.

내일은 내일의 태양이 뜰거야

신문 광고의 태반을 차지하고 있는 헐리우드 영화도 《빙점》 못지않게 한국인의 정서에 호소했다. 〈바람과 함께 사라지다〉도 그런 영화 중 하나였다. "전후의 파괴와 부패와 혼란 속에서 탄생하는 새 인생, 새 사람과 새 사회를 묘사한 소설"로 소개된 이 영화는 한국의 정서에 절묘하게 딱 들어맞았다. 스칼렛이 전쟁의 폐허 속에서 악착스럽게 살아남으려는 모습은 한국의 현실과 비슷해서 더 감동적이었다. 스칼렛이 외치는 바, "굶어 죽게 하지 않을 거야"라는 말은 어떤 메시지보다 중요했다.

전후의 폐허 속에서 살아남았다는 사실보다 그 어떤 부정과 부패도 마다하지 않고 돈을 목적 삼아 뛰어드는 스칼렛 자체가 감동적이었다. "내일은 내일의 태양이 뜰 거야"라고 말하는 스칼렛의 부릅뜬 눈은 내일의 성공을 위해 억척스럽게 살아남아야 한다고 말하는 자기계발의 환상을 아낌없이 보여주었다. 내일의 태양을 위해 끊임없이 앞으로 나아가는 삶의 모델, 전후의 질서 속에서 배워야 하는 것은 오직 앞으로 전진하는 용기뿐. 함께 살아내고자 했던 삶의 기억은 바람과 함께 사라졌다. 오직 남은 것은 내일의 태양을 위해 앞으로 전진하는 것뿐이었다.

사람들이 다들 조금씩 게걸스러웠다. 그것이 밥이든 책이든 그 무엇이든 간에 묻고 따지지 않았다. 다시 말해 해적본이든 복사본이든 혹은 '계통 없음'의 꿀꿀이죽이든 간에 닥치는 대로 집어 삼켜서라도 '허기'를 채웠다. 살아남기 위해서 억척을 떠는 것은 자연스럽게 삶의 모델이 되어가고 있었다. 누구든 앞을 보고 달려가는 허기에 대해 가타부타 따지지 않고 공감할 수 있었다. 우리는 배고프다, 더 먹어야

한다, 그래서 살아남아야 한다, 아직 피난은 끝나지 않았다. 그렇지
않은가.

물론 이들과 다른 이들도 있었다. 다들 억척을 떠는 와중에 박인환
시인은 종로 한 귀퉁이에 '마리서사'를 열었다.[33] 대개 자신이 가지고
있던 일서와 양서들을 비치한 서점이다. 브루퉁이나 장 콕토의 시집
등 진귀한 문학서적들이 많아 문인들이 자주 마리서사를 드나들었
다.[34] 마리서사는 책을 판매하는 곳이라기보다 일종의 사랑방이었다.
1950년대 다방을 공공연히 '거리의 응접실'이라 이야기하던 시기였으
니, 마리서사에 거는 문인들의 기대가 적지 않았다. 일종의 아지트였
던 셈이다.

그는 마리서사라는 책사를 내고 있었다. 벌써 17, 8년 전 일이지만,
동쪽의 널따란 유리 진열장에 그린 〈아르르 강〉이라는 도안 글씨이
며, 가게 안에 놓인 커다란 유리장 속에 든 멜류알, 니시와키 준사부

마리서사茉莉書舍 앞에 선 임호권과 박인환(사진 오른쪽). 마리서사는 외국 책이 비치된
서점으로 문인들의 아지트였다. 김수영은 마리서사를 일러 "좌우의 구별이 없었던 몽마르뜨"라
고 말하기도 했다.

로의 시집들이며, 용수철 같은 수염이 뻗친 달리의 사진이 2, 3년 전의 일처럼 눈에 선하다.[35]

술집 '은성'에 이어 '봉선화다방'과 '모나리자다방', 그리고 '포엠'과 '문예싸롱'에 이르기까지 작가와 예술가들은 이런 아지트에 난민처럼 모여들었다. 이를테면 김동리의 《밀다원 시대》는 다방이 이들에게 어떠한 의미였는지 보여준다. "어느 다방에 다니는가"라고 묻는 것이 인사가 되던 시대였다. '스타다방'에서 '금강다방'으로 또 몇몇 인사들은 '밀다원다방'으로 숨어들었다. 갈 곳 없는 예술가들이 그곳에서 "꿀벌들처럼 왕왕"거렸고 "갈매기 떼처럼 퍼덕거리며"[36] 삶의 힘겨움을 덜어냈다. 다방은 그들에게 밀실이었고, 동시에 광장이었다. 대개 사람들은 광장보다 역전에 있던 '광장다방'에 모였다. 다방은 광장처럼 붐볐다. 그 속에서 '새로운 도시와 시민들의 합창'이 나왔고 그건 단지 시집의 제목만은 아니었다.[37]

살아남은
자들의
'詩/時'

책 읽기라니, 100환짜리 팥죽, 150환짜리 짜장면 한 그릇도 폼 나게 사 먹지 못하는 주제들이 책 읽기를 얘기하는 것은 '개수작'이다. 준석은 그렇게 생각한다. '시'라는 걸 읽으면 당장 밸이 뒤틀려서 견딜 수 없다. "저게 뭐야 저게 도대체 무슨 개수작이야"라고 말하는 준석의 얘기가 지나치지 않을지도 모른다. 얼토당토않게 '시'라니, 아니 직장도 없고 집도 없으며 가진 거라고는 상처뿐인 몸뚱아리가 전부인 주제들이 시를 얘기하는 것부터가 한심하다. 아니, 한심한 것 이상이다. 전쟁에서 겨우 살아난 대한민국 국민이 아니던가. 시詩, 시詩 하다 보면 시시해지는 건 순간이다.[38] "눈보라가 휘날리는 바람 찬 흥남부두"를 겪어 보지 않은 인간들이라면 '시'를 얘기하는 것은 정신 나간

孫昌涉小說集

비 오는 날

日新社

소설 〈혈서〉가 실린 손창섭의 소설집 《비 오는 날》(일신사, 1957).

수작이요 분별없는 장난임에 틀림없다.

　해방 이후 모 잡지에서 창간의 변으로 "밥상을 차렸으니 배불리 드시라"고 했는데[39], 그 작자가 준석이 앞에서 이 얘기를 꺼냈다면 무사하지 못했으리라. 국수 한 그릇이라도 갖다 놓고서 그런 소리를 했다면 사정이 다를 수 있다. 그러나 하루 종일 방안에서 뒹굴뒹굴 하며 살아가는 준석이에게 배부른 자들의 얘기는 공허했다. '밥'은 그냥 먹을 수 있는 '밥'이어야 했다. 말로 차려놓은 '밥', 그건 말장난이다. 손창섭의 소설 〈혈서〉 이야기이다.

오발탄 같은 인생 혹은 잉여인간

때는 바야흐로 해방 직후, 길거리에서 '정형외과'와 '성형외과' 간판을 쉽게 찾아볼 수 있었다. 여러 가지 사정이 있었지만 전쟁의 흔적이 몸에 고스란히 남아 있었기 때문이다.

　준석은 대뜸 이마에 핏줄을 세우더니, 이 자식이 미쳤어? 하고 벌떡 일어나 앉는 것이다. 그리고는 계속해서, 이 민충아, 그래 그 말을 곧이 믿구 있어? 곧장 이삼 일 뒤에는 취직이 될 줄 알어? 어디 배 째기 내기라두 할까? 이 멍텅구리가 세상을 어떻게 보는 거야, 그렇게 만만히 취직이 되는 줄 알어?[40]

　청년 4명이 살아가는 방, 아니 엄밀히 말하자면 규홍의 집이었고 다른 세 명은 규홍에게 얹혀 살고 있었다. 달수, 준석, 창애 등이 거처하는 방이다. 규홍은 고향에서 부쳐오는 학비가 있어 방을 구해 살고 있는 데 반해 달수, 준석, 창애는 끼니 해결도 어려운 형편이었다. 달수는 매일 아침 구직 활동을 하러 나가고, 한쪽 다리가 없는 준석은 하루 종일 이불만 뒤집어쓰고 있으며, 간질병 환자인 창애 역시 정물화처럼 풍로 옆에 앉아 있을 뿐이다. 준석이 하루 중에 활기를 띠는 때는 달수가 문을 열고 들어오는 순간이다. 화를 낼 상대가 나타났기 때문이다. 딱히 달수에게만 그러는 것은 아니었다. 규홍에게도 화를 낼 때가 있는데 정확히 말하자면 규홍이 쓴 시를 보면서 화를 냈다.

시를 쓴다는 것도 마음에 들지 않았지만 '모가지를 뎅겅 잘라' 같은 글을 쓰는 게 마음에 들지 않았다. 전쟁터에서 총알이 가슴 곁을 지나가봐야 정신 차릴 놈들이다. 감히 어디에서 '모가지를 뎅겅' 한다고 얘기하는지, 그게 어떤 고통인지 알지도 못하는 애송이들 같으니라구. 어디서 감히 '뎅겅' 운운하는 것인가. 서울 곳곳에 총탄의 흔적이 고스란히 남아 있어 볼 때마다 가슴이 벌렁벌렁 하는데, 감히 어디에서 '뎅겅'이라는 말을 한단 말인가. 가당치도 않은 말장난이다. "현대시는 그런 것"이라고 말하는 것은 참아줄 수 없다.

준석은 그렇게 생각했다. 이렇게 화를 내는 준석이 전쟁 경험이 있느냐 하면 또 그런 것도 아니다. 한쪽 다리가 없는 불구의 상태지만 알고 보면 다리를 잃은 곳은 전쟁터가 아니었다. 따지고 보면 '가짜 상이군인'인 셈이었다. 그렇거나 말거나 준석은 이렇게 '우연히 살아 있는 인간'으로 이렇게 살아가는 것 자체가 억울했다. 준석은 말끝마다 "나가 죽어라"라고 소리 지르는데 때때로 그 말을 자기 자신에게 하는 말처럼 했다.

그러던 어느 날 창애의 배가 임신한 것처럼 불러 올랐다. 짐작 갈 만한 일이 있기는 했다. 그러나 어느 누구 하나 나서서 이렇다 저렇다 하는 사람은 없었다. 굳이 추론해본다면 이불 때문인지도 몰랐다. 넷

이 사는 이 집에 이불이 단지 두 채. 그런데 한파가 몰아쳐서 이불을 꼭 덮고 자야 하는 상황이 되자 난감했다. 이불 하나로 셋이서 덮기에는 너무 작고, 그렇다고 누군가 창애와 같이 이불을 덮고 잘 수 없었다. 다들 어물쩍거리고 있을 때 준석은 해결사처럼 나서서 창애와 한 이불을 덮곤 했다. 종종 그랬다. 준석은 아주 흔쾌히 자신이 창애와 이불을 나눠 덮겠노라고 했다. 달수는 창애의 배가 '이불 사건'과 무관하지 않다고 생각했다. 모두가 알고 있는 진실도 때때로 입 밖에 내지 않는 편이 나을 때가 있다. 비루함에 관한 문제일 때에는 더욱 그러했다. 나라를 위해 헌신한 상이군인도 아니었고, 누군가를 연모할 수 있는 여유도 없었다. 헌신할 국가도, 소비할 돈도 없었다. 그런 준석이가 결국 사랑도 없이 창애를 임신시켰다. 누가 봐도 불의한 일이었다. 준석은 창애의 배를 볼 때마다 사람들이 자신을 비난하거나 조롱하는 것 같았다. 이대로 구제받지도 못한 채 잉여인간으로 낙착되는 것 같았다.

혈서 쓰듯
혈서라도 쓰듯
순간을 살고 싶다……모가지를
이 모가지를
뎅겅 잘라
내용 없는
혈서를 쓸까?[41]

시가 쓰일 수 없는 시대였다. 지금 필요한 것은 김이 모락모락 나는 설렁탕이나 만둣국이었다. 그것조차 사치라면 하꼬방에서 파는 국수라도 먹을 수 있어야 했다. 누구는 과자봉지를 풀칠하고 있는데, 누군가는 과자봉지 안의 과자를 먹는 이들도 있었다. 또 누군가는 미군 깡통을 들고 도둑처럼 뛰어다녀야 하루치 밥을 얻을 수 있는 데 반해, 또 어떤 이들은 통조림을 쉽게 먹었다. 뿐인가. 누구는 곰팡이가 슨 하꼬방에서 죽은 시체처럼 누워 있는데, 누구는 소파에서 주스를 먹으며 노닥거리기도 한다. 준석은 이런 차이와 차별에 화가 났다. 하지만 그보다 더 참을 수 없는 것이 있었다. 그것은 전쟁 무용담이 넘쳐흐르는 거대한 국가 앞에서 오발탄처럼 쓸모 없어졌다는 생각이 드는 순간이다. 살아 있지만 의미 없는 잉여인간이라는 생각이 들 때마다 참을 수 없었다. 살아남았다는 사실이 축복이 되지 못했다. 준석은 자신이 느끼는 이 절절한 외침이 아무것도 아닌 것처럼 이야기되는 것이 무서웠다. 준석은 규홍의 '시'와 싸운 게 아니었다. 산 것도 죽은 것도 아닌 채로 살아가는 자신의 모습과 싸운 것이다. 그에게는 남들처럼 눈보라 흩날리는 흥남부두에 얽힌 기막힌 사연이 없었다. 사연도 없었고, 기억도 없었으며, 훈장도 없었다. 준석은 정말로 잉여인간일지도 몰랐다.

'진짜'처럼 살고 싶다

혈서를 쓸 수 있는 용기를 가지고 그렇게 강렬하게 진짜처럼 살아가고 싶었다. '두수'처럼, 오야붕처럼. 제임스 띵이 아니라 제임스 딘처럼 살고 싶었다. 그런데 현실은 영화와 달랐다. 우유 빛깔 요안나(엄앵란)가 있어야 했는데 준석 옆에는 기껏해야 간질병 환자 창애뿐이었다. 말 한마디 하지 않고 죽은 듯 살아 있는 창애. 그들 역시나 제임스 던도 제임스 딘도 아니었다. 실은 아무것도 아니었다. 거리의 구직자. 그리고 가짜 상이군인. 각종 '싶다'만 읊조리는 시인. 이들은 아무것도 하지 않았고 할 수도 없었다. 시쳇말로 찌질한 '잉여인간'이었다. 이 좌절감이 결국은 바깥으로 향하지 못하면서 결국은 서로를 겨냥하는 비수가 된다. 준석이가 결국 달수의 손가락을 뎅겅 잘라서 혈서를 쓰라고 억지 부린 것, 모멸의 모멸이었다. 이들은 혈서를 쓰며 살아가는 '진짜' 삶을 살고 싶었다. 그런데 친구의 손가락만 잘랐다. 혈서를 쓸 만한 삶도 없었고 혈서를 내밀 만한 세계도 없었다. "전우의 시체를 넘고 넘어" 살아가는 비장한 세계가 사라졌다. 현실은 그저 절뚝이는 다리뿐이었다. 준석은 어둠 속으로 사라졌다.

그렇지만 형님, 그런 친구들이라도 있다는 게 좋지 않수? 그게 시시한 친구들이라 해도, 정말이지 그놈들마저 없었더라면 어떻게 살 뻔했나 하고 생각할 때가 많아요. 외팔이 절름발이 그런 놈들 무식한 놈들 참 시시한 놈들이지요. 죽다 남은 놈들. 그렇지만 형님 그 놈들 다 착한 놈들이야요.[42]

"시시한 친구들이라 해도, 정말이지 그 놈들마저 없었더라면 어떻게 살 뻔했나" 하는 생각이 들었다. 절름발이 무식한 놈들일지 모르지만 다 착한 놈들이라는 생각은 착각이었다. 그저 오발탄일지도 몰랐다. 오발탄은 잘못 태어난 인생을 이르는 말일지도 몰랐다. 그럼에도 잘 살아남고 싶었다.

'살아남아야 한다'는 말이 늘 고백체가 되어야 했던 시대, 그럼에도 귓속말로 전할 수 있는 가족이 귀했던 시대. 이 난민의 경험은 악착같은 생존의 서사로 대한민국의 유전자가 되었다. 살아남아야 했다. 그리고 잘 살아남아야 했다. 그러나 살아남았다는 사실이 마냥 자랑스럽지는 않았다. 살아 있는 것만으로도 다행이다, 라고 누군가 말해주었으면 했다. 살아 있다는 것만으로도 귀한 일이라고 말이다.

'준'의
책읽기

'준'이라고 해서 청춘영화 속의 핸섬한 남자 주인공을 먼저 떠올리면 곤란할지도 모르겠다. 세련된 이름으로 기억되는 '준', 1990년대에 이르러 가장 유행했던 남자아이 이름이 준이었나 보다. 그렇거나 말거나 시대를 앞서간 건지 뒤서 간 건지 분명치 않지만 여하튼 1940년에 태어난 청년 중에 '준'이라 불린 소년이 있었다. '준'이라고 해서 태극기 부여잡은 채 국가를 위해 헌신했던 이준 열사를 떠올리는 독자는 없을 듯하다. 그보다는 이름은 다르지만 이성복의 시 〈1959년〉 속 인물이 더 비슷할지도 모르겠다. "그해 겨울이 지나고 여름이 시작되어도 봄은 오지 않았다"고 말하는 이, 초원의 빛을 보지 못하고 절망과 포기가 습관이 되어버린 그 시절의 소년. 소년이라고 말하기에는 너무 어른스러운 '준', 이를테면 '독고준'이다.

어쩌다 난민

때는 바야흐로 8·15해방이 된 지 얼마 지나지 않은 시절. 준은 '북쪽'에 살고 있었다. '북쪽'은 위치와 지명의 이름이기도 하지만 한 인간이 누구인지 그 정체성을 대신 말해주는 이름이었다. 해방 후 세계는 둘로 나뉘었고 그 둘 중 어디에 있는지가 바로 그 사람이 누구인지를 말해주었다. 준은 '북쪽'에 남겨졌다. 그래서 '남쪽'의 흔적을 철저하게 지워야 했다. 해방과 전쟁을 거치며 한국 사람들은 위아래로 나뉘었지만 땅만 나뉜 것이 아니라 사람들의 마음도 산산이 부서졌다. 그리고 그 부서진 땅과 마음 위에 국가가 세워졌다.

독고준의 아버지와 매형은 남쪽으로 내려갔다. 남은 것은 어머니와 누나 그리고 형네 식구들뿐이었다. 준이네 가족들은 매일 밤마다 이불을 뒤집어쓴 채 일제 라디오를 켜서 남한의 대북방송을 들었다.

남한에서는 여러분을 하루바삐 구해낼 날을 고대하고 있습니다. 민주주의, 자유, 꽃피는 문화, 세계와 통한 생활, 자유민들의 행복한 나라, 삼천리 금수강산, 이승만 박사, 김구 선생, 민주주의, 자유. 압제자들은 기어코 망하고야 말 것입니다. 그들은 우리 민족의 얼을 빼앗고 그 대신 붉은 제국주의자들의 혼을 강요하고 있습니다. 토지개혁이라는 이름 아래 착한 국민의 재산을 빼앗아 공산당이 지배하는 새로운 소작인의 나라를 만들고야 말았습니다. 그들은 신의주와 함흥에서 우리들의 어린 꽃봉오리들을 소련의 전차와 총검을 빌려서 무참히도 학살했습니다. 여러분 희망을 가지십시오. 여러분의 조국은 여러분을 버리지 않을 겁니다. 여러분의 부모 형제자매는 마의 38선을 넘어서 그리운 당신들을 우리들의 품에 안을 날을 고대합니다. 자유로운 조국 민주주의 나라 유토피아……그것은 아버지의 목소리였으며 사랑하는 사람의 목소리였다. 이 집안에서 그 목소리가 전하는 말을 의심할 사람이 있을 턱이 없었다. 준에게는 그것이 진리보다 더한 것이었다. 그것은 그에게 아름다운 동화로 들렸다. 오색 무지개에 싸여서 꽃이 피고 털빛이 고운 새들이 지저귀는 남쪽나라에서 들려오는 훈훈한 꿈의 속삭임이었다.[43]

라디오에서 "남한에서는 여러분을 하루 바삐 구해낼 날을 고대하고 있습니다"라는 말이 흘러나오면 아버지와 매형의 목소리인 양 반가웠다. 또, "희망을 가지라"라는 말이 흘러나오면 뻔한 선전문인 줄 알면서도 듣고 싶었던 말을 들은 것처럼 속이 편했다. 남한의 라디오 방송은 훈훈한 꿈의 속삭임이었다. 준의 머릿속에서 남한은 '유토피아'였다. 오색 무지개가 떠 있는 곳, 털빛이 고운 새들이 지저귀는 곳, 아름다운 동화의 한 장면이었다. 책장 속에 꽂혀 있던 서양 그림책의 세계일지도 몰랐다. 사실 남한이 유토피아가 아니라는 것은 알고 있었다. 하지만, 아버지가 계신 '남한'이 유토피아였으면 했다. 준에게 '남한'은 꼭 그렇게만 상상되었다.

준은 이불 속에 있을 때가 제일 좋았다. 그곳이 가장 안전했기 때문이다. 며칠 전 학교에서 있었던 일만 생각하면 끔찍했다. 역사 수업 시간, 역사가 무엇인지 답해보라는 선생님의 물음에 준은 "역사란 과거를 돌이켜보고 미래의 지침으로 삼는 과학"이라고 답했다. 답을 해놓고도 마음이 썩 좋았다. 과거를 돌이켜보고 미래의 지침으로 삼는 과학이라니. "역사란 옛날에 일어났던 일"이라고 말하는 친구들에 비해 그럴 듯했다. 책 좀 읽었던 준이었기에 가능한 대답이었다. 그럴싸하게 이야기할 수 있어 다행이었다.

그러나 준이의 짐작과는 달리 선생님의 얼굴에 알 수 없는 미소가 번지기 시작했다. 그건 기분 나쁜 미소였다. 좋지 않은 징조였다. 아니나 다를까. 선생님은 간결하지만 약간은 섬뜩한 코멘트를 남겼다. "동무들은 모두 아주 귀여운 부르주아 역사가"라고 말이다. 말은 단지 말로만 끝나지 않았다. 수업이 모두 끝났지만 준은 학교에 남았다. 남고 싶어서 남은 게 아니라 남아야 했기 때문에 남았다. 그리고 한 시간 동안 벌을 받았다. '학급소년단 분단장'이 준을 불러낸 뒤 "부르주아적인 말을 하여 역사의 참다운 정의를 알지 못하는 과오를 범했다"고 했다. 역사의 참다운 정의를 제대로 말하지 않았다는 이유로 중1

소년을 고문했다.

그래서 밤마다 이불을 뒤집어썼고 더욱더 간절하게 라디오에 매달렸다. 겨우 라디오였지만, 그것은 남한으로 내려간 아버지의 목소리였다. 아마도 그때부터였을 것이다. 준은 소설책을 붙잡았다. 모험과 싸움의 이야기, 우정과 믿음의 이야기 등에 빠져들었다. 그런 것이 현실이었으면 했다. 우정과 믿음, 모험과 열정으로 사는 삶을 원했다. 학교에서는 가면을 쓴 채 한 가지 이야기만 주절거리고 집에 들어와서는 이불을 뒤집어쓴 채 방송을 들어야 하는 것은 《안네의 일기》를 쓴 안네라 해도 힘들었을 것이었다. 그래서 그는 안네처럼, 안네가 그러했던 것처럼 책 읽기에 매달렸다. 어쩌면 책 읽기가 밤마다 이불을 뒤집어쓰는 의례와 다를 바 없는 일이었는지 몰랐다. 아버지와 형님, 누나가 읽었던 책이 이제 고스란히 준의 몫이 되었다. 아버지 책은 오래된 일본 법률책이었고 형과 누나의 책은 대부분 소설이었다.

준이 선택한 것은 소설이었다. 닥치는 대로 읽었다. 《플란다스의 개》와 《집 없는 아이》, 그리고 두툼한 《나나》가 잘 읽혔다. 《플란다스의 개》는 씩씩하게 살아가는 그 모습이 감동적이었고, 《집 없는 아이》는 모험을 떠나는 그 어린아이의 용기가 부러웠다. 그리고 아찔하고 짜릿한 에밀 졸라의 소설 《나나》도 잘 읽혔다. 물론 러시아 소설 《강철은 어떻게 단련되었는가》도 빼놓을 수 없다. 강철처럼 단련될 수 있다고 말하는 책이 필요했다. 굳센 사람, 강철 같은 사람으로 성장하고 싶었다. 세상이 거칠어도 나아가리라. 내 비록 가난한 '네로'와 다를 바 없는 처지이지만, 네로가 그런 것처럼 루벤스의 그림 밑에서 죽어갈지라도 그 빛 아래 파트라슈와 함께 머무르리라고 생각했다.[44]

버젓이 읽기, 몰래 읽기

그는 책 읽기를 좋아했다. 어머니 몰래 책을 읽기도 하고 또 엄마 앞에서 책을 읽기도 하는, 그래서 버젓이 읽기와 몰래 읽기라는 독서의 비법을 체득하고 있다. 책의 내용을 알고 있는 형님과 누나에게 들키면 소설책만큼이나 아찔한 일이 펼쳐질 일이었다. 그러나 어머니 앞에서는 버젓이 보았다. 일본어로 쓰인 책이기 때문에 어머니는 준이 무슨 책을 읽는지 모르셨다.

'몰래 읽기'와 '버젓이 읽기'는 남들과는 다른 비밀스러운 내면이 생겼다는 것을 달리 이르는 말이었다.[45] 아이였지만 어른의 세계를 엿보고 있었던 소년. 몰래 했어야 했고 버젓이 했어야 했다. 숨고 숨겼으며 붙잡히고 붙잡으려 했다. 언어와 문자로 만들어진 징검다리를 밟고 어른의 세계로 나아가는 것, 그것은 아버지가 읽었고 누나와 형님이 읽었던 세계였다. 그래서 더 게걸스럽게 책을 읽었다. 내면의 허기를 잠재울 수 있는 것은 책밖에 없었다. 빨리 어른처럼 성장해야 했다. 버젓이 읽기, 몰래 읽기. 이건 차라리 소년의 놀이였다고 말해도 좋으리라. '버젓이'와 '몰래' 사이에 놓인 감시의 시선 속에서 잠깐의 자유를 맛보는 쾌락. 자신만의 '망명정부'를 만들리라. 준은 그 속에서 그렇게 조금씩 어른이 되어가고 있었다.

그는 닥치는 대로 책을 읽었다. 그에게 있어 책이란 계집애들에게 있어서의 크림이나 로션이나 루주 같은 것이었다. 속의 얼굴을 단장하는 일을 그는 스스로를 속이는 그럴듯한 대의명분 아래 진행시켰다. 역사든 철학이든 그는 짓이겨서 그 속의 얼굴을 다듬는 데 썼다. 무엇 때문에 그처럼 미친 듯이 읽었을까. 아마 외로워서였다. 외로워서

아마.[46]

결국 남한으로 내려온 준. 남한은 상상했던 아름다운 동화책이 아니라 《집 없는 아이》의 비참한 현실에 가까웠고 네로가 죽어가던 현실과 유사했다. "아버지의 사진을 보지 않아도 비참은 일찍이 있었던 것"[47]이라는 사실을 준은 미처 몰랐다. 남한에서 아버지는 할 수 있는 일이 없었고 아무 일도 하지 못한 채 매일 술로 연명했다. 아버지에게 남아 있는 생명이 오히려 구차스러워 보였다. 이런 현실에서 준은 누구라도 옆에 있어주었으면 했다. 자신을 믿어줄 단 한 사람, 요안나여도 되고 아로아여도 되는 단 한 사람이 필요했다.[48] 그러나 네로 곁에 있던 '아로아'는 어디에도 없었다.

그는 이불을 뒤집어쓸 필요가 없었고 동화책을 읽을 이유도 없었다. 할 일도 없었고, 해야 할 일도 없었으며, 딱히 하고 싶지 않은 일도 없었다. 남한에서 있을 곳은 없었다. 이불을 뒤집어쓴다고 감춰지지 않았다. 그러므로 방법을 바꿔야 했다. 닥치는 대로 읽었다. 책이란 그저 "계집애들의 크림이나 로션이나 루주" 같은 것이었다. 혼자 있는 그 시간을 그저 연명하는 수단이었다. 그래서 외로웠다. 몰래 읽어야 하는 사정이 그리웠고 버젓이 보여줄 부모님이 필요했다.

또 다른 '준'의 삶도 다르지 않았다. 독고준과 그리 다르지 않은 준. '명준'으로 불린 《광장》의 청년이다.

그는 남한에서 철학을 공부하는 대학생이다. 해방 직후의 남한, 아버지가 북쪽에 남아 있었던 명준은 늘 요주의 인물이었다. 어느 날 네 아버지가 누군지 안다고 하던 형사가 은밀하게 전공을 물어왔다. 형사는 이미 알고 있는 눈치였지만 '철학과'라고 대답했더니 "철학과면 마르크스 철학을 잘 알갔군"이라고 못 박았다. 마르크스가 정치학이

최인훈의 〈광장〉은 《새벽》1960년 11월호에 게재된 후 그 이듬해에
단행본으로 발간되었다. 사진은 11월호 《새벽》과 단행본 표지.

나 경제학이 아니라 철학과라고 했지만 따져 묻지 않았다. 철학과가
아니라 다른 대답을 했더라도 그 비슷한 대답을 얻었으리라. 그러더
니 형사는 "소식 자주 듣나?"라고 재차 물었다. 소식이라니, 아버지
존재도 형사를 통해 들었건만. 당연히 답할 수 없었다. 형사의 맹공에
적절한 대답을 못하고 어리바리하던 찰나, 곧바로 얼굴에 주먹이 날

아왔다. 어깨, 허리, 엉덩이에 가해지는 발길질과 매질. 대답할 수도 없었지만 명준은 처음으로 아버지를 온몸으로 느꼈다. 아버지의 존재를 알 수 없었지만 아버지가 '북'에 있다는 사실만으로도 '벌레나 개미'처럼 "비비고 뭉개어 티도 없이 지워버릴 수 있다"고 했다.

명준에게 세상은 딱 둘로 나뉘었다. 독고준이 그러했던 것처럼 단 두 개의 세계, 남과 북이었다. 남한에서는 북에 아버지를 둔 아들로, 북에서는 아버지를 인정할 수 없는 아들로 정해졌다. 남한에 있을 때에는 '빨갱이'라고 했고 남한에 있지 못해 북쪽으로 넘어갔을 때에는 '반동분자'라고 했다. 형사는 네가 누구인지 물었지만 답할 사이도 없이 너는 네 아버지의 자식이라고 덧붙였다. 그 말은 남한에 네가 있을 수 없다는 말이었다.

북한에서도 마찬가지였다. 아버지는 아버지였으나 아버지가 아니라 '당'과 유착된 관료의 얼굴을 하고 있었다. 아버지가 있었으나 이름만 아버지일 뿐 더 이상 아버지가 아니었다. "아버지는 일자리를 얻기 위해서 월북한 것일까"라는 의심, "혁명을 팔아 월급을 타는 사람들"[49]이라는 불신으로 괴로웠다. 혁명은 풍문만 있었을 뿐,[50] 혁명도 없었고 광장도 없었다. 오직 그들은 인민을 의심하는 일로 제 알리바이를 삼았다. 그리고 제 안의 '적대'를 국민에게 떠넘기고 있었다.

윤애, 가슴에 있는 그 벽을 허물어 버려, 그 터부의 벽을. 그 벽을 뛰어넘는 남녀만이 참다운 인간의 뜰을 거닐 수 있어. 남자나 여자나 마찬가지야. 여자는 파산했을 때를 예비해서 잔돈푼을 몰래 저금하는 거야. 그따위 부스럭지 돈이 미래를 보장할 것 같애? 버려, 버리고 알몸으로 날 믿어 줘. 윤애가 날 믿으면 나는 변신할 수 있어. 무슨 일이든 하겠어. 날 구해 줘."[51]

모든 우상은 보이지 않는 걸 믿지 못하는 사람의 약함 때문에 태어난 것. 보이지 않는 것은 나도 믿지 못해.

"은혜, 나를 믿어?"

"믿어요."

"내가 반동분자라두?"

"할 수 없어요."

"당과 인민을 파는 공화국의 적이라두?"[52]

너는 국민이 아니다. 너는 인민이 아니다. 그래서 그는 늘 국가 바깥에 놓였다. 아니 실은 국가 밖에 내던져졌다. 민족에서 국가로 바뀌면서 국가는 국민을 내부와 외부로 가르면서 국가이고자 했다. 국가가 없던 시절, 임시정부를 만들어가며 국가이고자 했던 시절, 국가가 국가 같아야 국가라고 알고 있었다. 일본의 식민지로 살면서 이름뿐인 국가가 어떻게 한 개인의 삶을 짓밟을 수 있는지 눈으로 보고 귀로 들었다. 그렇게 36년을 거쳐 오며 배운 것은 조선인이 조선인으로 느끼고, 조선인처럼 행동해야 조선인이라는 것, 그리고 국가가 국가 같아야 국가라는 것을 분명하게 알고 있었다. 국가가 없는 백성에게 국가란 자신을 지켜주고 가족을 지켜주며 더 나은 관계를 꿈꿀 수 있는 울타리라고 생각했다.

그간 국가 없는 국민으로 국가를 열망했다. 나에게 국가가 있기만 하다면, '나의 조국'이 당당하게 '국가'로 설 수 있다면 아마도 그것은 나의 언어와 감정을 있는 그대로 말해도 좋은 것, 국가가 있다는 것은 자유롭고 평등하게 살 수 있는 것인 동시에 적어도 혐오스러운 제2국민으로 차별받지 않아도 되는 울타리일 거라고 생각했다. '국가가 있다면'이라는 가정은 도돌이표로 자꾸 튀어나오는, 입에 붙은 노랫말 같은 거였다. 그러나 명준에게 드러난 국가의 얼굴은 혐오스러운 표정을 짓는 형사의 모습이거나, 아버지의 얼굴과 닮은 비루한 관료의 모습일 뿐이었다. 여러 사람들이 흥성거리며 뜨겁게 열기를 나눌 수 있는 국가 혹은 광장은 그저 그런 난장판이거나 공허한 외침만 가득한 당의 훈련소일 뿐이었다.

어느 국가도 선택하지 않는 편이 낫겠습니다

결국 포로로 남겨진 명준은 남한과 북한 중 어디를 선택할지 답해야 했다. 이 질문은 낯설었다. 적어도 국가는 그렇게 '선택'하는 게 아니지 않은가. 국가를 선택할 수 있었다면, 그렇게 조선어를 끝까지 붙들려고 하지도 않았을 것이며 몰래 무엇인가를 하려고 하지 않았을 것이다.

다른 사람들은 국가를 선택하라는 이 질문에 답할 수 있었을까. 참아낼 수 있었을까. 명준은 "가슴 속에서 불타야 할 자랑스러운 정열"을 가지고 "정말 삶다운 삶을 살고 싶었습니다"[53]라고 말했다. 그래서 해피엔딩이 아니더라도 《플란다스의 개》의 네로처럼 루벤스의 그림 앞에서 잠들 수 있는 구원이나, 《강철은 어떻게 단련되었는가》의 빠벨처럼 열정이 강철로 변화되는 시간이라도 있었으면 했다. 그러나 국가 밖에 놓인 처지는 달라지지 않았고, '삶'이 지워진 벌거벗은 생명만이 선택 사항으로 남았다. 하지만 그것은 선택할 수 있는 게 아니었다. 이불을 뒤집어쓰고 책을 읽었던, 그렇게 더 나은 미래를 상상했던 시절에 그랬던 것처럼 국가에 대한 물음을 혼자만의 것으로 간직하리라. 그렇게 버젓이, 그리고 몰래 읽을 수 있는 내면의 망명국가에 머무르리라.

"어느 국가도 선택하지 않는 편이 낫겠습니다"라는 명준의 최후의 선택은, 선택하지 않음으로써 '국가'가 무엇이어야 하는지 역설했다. 너절한 국가, 비루한 아버지, 난장판인 광장 속에서 명준이 잃은 것은 삶과 사랑, 그리고 생명이었다. 다시 말해 모든 것을 잃었다.

이념 과잉과 허기의 50년대

1945년 8월 15일 대한민국이 '해방' 되었다. 1948년 '기미 삼일운동으로 대한민국을 건립한' 임시정부의 정신을 계승하는 제헌헌법을 공포했다. 그 구체적 내용은 '1조 대한민국은 민주 공화국이다.', '2조 대한민국의 주권은 국민에게 있고 모든 권력은 국민으로부터 나온다' 등이다. 그로부터 2년 후인 1950년 6월 25일 북한군이 남한을 침략한 한국전쟁이 발발했다. 3년 동안 계속된 민족상잔의 비극 속에 한반도 전역이 황폐해졌다. 2차 세계대전 이후 미국과 소련으로 양분된 냉전체제는 한반도에서도 재연돼 38선으로 가시화됐다. 이 대치 속에서 이념 논쟁이 가속화되었고 '반공', '멸공' 등의 구호가 난무했다. 제주 4·3사건에서도 드러나는 바, '빨갱이' 로 여론몰이를 하며 체제 이데올로기를 강화했다. 또한, 한국전쟁을 거치며 대한민국 경제는 심각한 타격을 입어 전후 복구 사업과 경제 재건에 매진해야 했다. 식량부족과 실업 문제 등이 심화되면서 삶의 터전을 잃은 난민의 상황이 지속되었다. 아울러, 미국의 잉여농산물이 원조되면서 궁핍한 국민 경제에 활력이 되기도 했으나 농촌 경제가 파탄나면서 농민층이 몰락했다.

2

대학생, 가만히 있어라,
'정우'

4·19로 시작된 1960년대는 '혁명'의 시대였다. 거리에는 〈노란 샤쓰 입은 사나이〉 노래가 울려 퍼졌고, '노란 샤쓰' 만큼 '어쩐지' 환한 세상이 도래할 것만 같았다. 출판문화도 비약적으로 성장해서 한 질에 100권으로 구성된 완벽한 '세계문학전집'이 '교양'을 향해 달려 나갔다. 그러나 4·19혁명 이후 5·16쿠데타가 연달아 일어나더니 혁명의 프레임이 달라졌다. 사람들은 '혁명'에 대해 다시 생각하기 시작했다. 어쩌면 '혁명'은 밀가루가 부풀어 '찐빵'이 되는 사건일지도 몰랐다. 이렇게 '혁명'이 '찐빵'이 되는 동안 '혁명의 혁명'은 완수되었다. 1961년 혁명의 프레임은 "애들은 가라, 혁명은 어른들이 하는 거야"라고 수정되었고, 수많은 청년들은 '혁명의 혁명'이 밟고 지나간 삶의 무게를 힘들어 했다.

김승옥의 소설 《환상수첩》의 주인공인 대학생 정우는 "무관심 하라"는 말을 환청처럼 반복적으로 들으며 괴로워했다. "무관심 하라"라는 말은 "가만히 있어라"라는 말이었다. 결국 그 말을 못 견뎌 학교를 포기하고 고향으로 내려갔다. 그러나 고향이라고 해서 서울과 하등 다르지 않았다. 친구 수영은 감정을 지우고 양심을 외면한 채 '괴물'이 되어가고 있었다. 1960년대 혁명이 난무하는 시대에 또 다른 세상을 꿈꾸는 정우의 삶을 담아냈다.

촌놈과 문청,
'찐빵' 같은
혁명

준이 꿈꿨던 것은 '바다'가 아니라 '광장'이었다. 그것은 혼자만의 상상이 아니었다. '어쩌다 난민', 그럼에도 살아남아야 한다고 악착을 떠는 것이 때때로 필요했다. 사바사바와 나이롱 세상, 사사오입과 부정과 비리, 그런 국가를 원한 게 아니었다. 그럼에도 불구하고 청년들은 눈 질끈 감고 《학원》을 보고 《사상계》를 읽었다. 《학원》 잡지는 학교보다 학교다웠고, 《사상계》는 역전 광장보다 더 광장 같았다. 또 그런 와중에도 톱스타 뉴스가 실린 《명랑》을 보고 〈노란 샤쓰의 사나이〉를 흥얼흥얼 대며 "보이즈 비 앰비셔스Boys be ambitious"를 목청껏 외쳤다. 1960년 4월 11일까지만 해도 그랬다. 그러나 4월 11일 이후 바람은 매서웠고 강팍했으며 때때로 단단했다. 바람결에 들려오는 말들이 너무도 진짜 같았다. 말이 이야기가 되고 상상이 현실이 되기까지 얼마만큼의 시간이 흘러야 하는 것인지 아무도 몰랐다. 또 그 이야기와 현실이 상상과 다르다는 것을 알기까지 얼마 걸리지 않았다.

"오열 개재"에서 "국민이 원한다면"까지

4월이었다. 창경원 벚꽃은 만개했고, 그래서 많은 사람들이 나들이를 다녀갔다고 한 신문이 전했다. 흑백사진이었지만 꽃잎이 흩날리는 벚꽃 배경으로 여기저기 시선을 빼앗긴 사람들이 분주했다. 그런데 바로 그렇게 화창한 벚꽃 사진 옆의 기사는 그렇지 않았다. 한 달 전 마산에서 일어났던 소요사건에 대한 이야기였다. 바로 그 청년들 소식이 창경원 벚꽃 만개 소식 옆 칸에 다시 실렸다. "아직 30여 명 입원 중"이라는 제목이었다. 그중 변성귀卞成貴(16) 군이 대퇴부 관통 총상을 입어 왼쪽 다리 절단수술을 받았다고 쓰여 있었다. 청년 30여 명이 총상으로 불구의 몸이 되었음에도 벚꽃은 어김없이 피었고 창경원 구경 인파는 여전히 많았다고 전했다.

4월 11일 마산 중앙부두 앞쪽 바다 인근에서 한 사람이 떠올랐다고 했다. 한 달 내내 찾았던 청년이라고 했다. 이름이 김주열이라 했다. 그가 누군지 분별하기 어려울 정도로 시신이 많이 훼손되었지만 적어도 그를 한 달여 동안 찾아다닌 어머니는 그를 단박에 알아보았다. 분명히 '주열이'였다. 바닷물 속에 오래 있었어도, 시신이 부패했어도 어머니는 아들을 한눈에 알아보았다.

4월 12일 《동아일보》 1면, '11일 밤 마산에서 또 소요'라는 기사가 실렸다. '소요'가 말하는 바가 무엇인지 짐작하기 어렵지 않았다. '어쩌면'이라고 생각했지만 어느 정도 짐작할 수 있었다. 그런데 신문 한 장을 넘기자마자 "눈에서 목으로 탄환 박혀 있고"라는 기사가 까맣게 박혀 있었다. 길이 150미리 가량의 탄환이 김 군의 눈에 박혀 있다고 전했다. 전쟁이 벌어진 것도 아닌데 고등학교 입학을 앞둔 소년의 눈에 탄환이 박혀 있는 모습은 믿을 수 없었다. 이것이 무슨 금수의 짓인지 물었지만 그 다음날에도 두 명의 청년이 다시 총에 맞았고 그중한 명이 또 죽고 말았다. 경찰이 한 짓이었고 도심 한복판에서 일어난 일이었다. 죽은 청년의 이름은 김영길이었다. 신문은 죽은 청년의 사진을 실었다.

4월 13일 마산 시내 중고등학교에 휴교령이 내려졌다. 자유당 당무회의에서 "오열 개재"라는 말이 흘러나왔다. '오열'이라는 말은 '간첩'을 대신하는 말이었다. 여기에서 '오열'이라는 단어 앞에 괄호 친 단어는 '간첩', '빨갱이', '공산당'이었다. '오열 개재'와 '배후' 운운하는 이야기 속에서 휴교령이 내려진 중고교생이 1,000명 이상 검거되었다고 했다. 이날 김주열의 시체 검안이 있다고 했다. 4월 13일자 신문은 제2차 마산 소요를 두고 "아직 검찰은 확실한 진상을 파악하지 못했으나 동 사건의 수법은 오열들이 하는 짓과 흡사하다"는 말을 전하며 '오열 개재의 확증'이라는 표현을 썼다.

4월 14일 김주열 군의 눈에 박혀 있던 탄환이 '미제 최루탄'[1]이라고 했다. 왜 미제 최루탄이 거기에 박혀 있는지 아무도 묻지 않았다. 이날 신문에 김주열 군의 어머니가 시체 인수를 거부했다는 인터뷰가 실렸다. 김주열 군의 어머니는 주열의 시체를 이대로 고향에 묻을 수 없다고 하면서 "시체를 서울에 운반하여 3·15부정선거에서 당선된 사람 앞에 갖다 놓고 그 사람들로 하여금 처리하도록 하여야만 나의 억울한 마음이 풀리기 때문"이라고 했다.[2]

4월 15일 부산과 청주에서 시위가 벌어졌다. 4월 15일자 신문은 온통 마산 소요 사건 기사로 도배되었다. '민주공화국은 어디로'를 묻는 사설이 1면에 실렸고, "계엄령을 연상하게 할 만한 반격 경비태세"를 전하는 경찰을 묘사하는 글이 실렸으며 끝이 보이지 않게 거리를 메운 대학생들의 사진이 실렸다.

4월 16일 1면 기사에서는 국회에서 법무차관을 출석시켜 마산 소요 사건을 추궁했다고 했다. 법무차관은 이러저러한 대답을 하던 중 마산 소요 사건에 제3세력이 있지 않은지 의심이 된다고 했다. "규모 면에서 공산당이 아니고서는 그렇게 못 한다"고 했다. 여기서 '그렇게'라는 말은 시위대에 사람이 그렇게 많을 수는 없으리라는 놀람의 표현이었다. 어린 소년소녀들이 많았지만 그들은 그들이 모두 국민이 아닐 수도 있다고 했다. "그간 노출되지 않았던 오열이 있지 않은가"

라고 했다.[3] 신문 2면에 실린 'AP기자가 본 마산 사태' 기사도 크게 다르지 않았다. "이번 시위의 공산 침투 여부를 조사하기 위하여 20명 이상이 구류되었다"는 경찰의 발언을 인용하면서 "대상자는 주로 십대 소년들"이라고 했다. "조금 후 형사 일 명이 소년 네 명을 데리고 경찰서를 떠나는 모습을 보았다"고 묘사했다. '공산 침투' 여부와 '주로 십대 소년들'이라는 두 개의 진술이 조리가 맞지 않는 느낌이 들기도 했지만 경찰관은 "나쁜 말을 쓰지 않으며 부드럽게 대한다"고도 했다. 3·15부정선거 이후 믿을 수 없는 말들이 점점 많아졌다.

4월 17일 '데모' 기사가 신문 한 면을 가득 메웠다. 그중에는 낯선 '데모'도 있었다. 마산경찰들이 '데모에 대한 보복행위'로 치안 확보 명목 아래 통금위반자를 대량 검거하면서 시민들이 물동이 진 채로도 잡혀가고 쓰레기를 버리다가도 연행된다고 했다. 경찰들의 '색다른 데모'로 시민들에게 피해를 입히고 있다고 했다.

4월 18일 '다시 격발된 학생 데모', 《동아일보》 1면 기사였다. '서울 고대 전교생'이 참가해서 마산학생 석방을 요구했다. 서울 학생들 중 특히 고려대 학생들이 많이 참여했다. 따져 물어야 한다고 생각한 만큼 움직였다. 신문에서 그랬던 것처럼 왜 사람 눈에 미제 최루탄이 박혀 있는지, 왜 김주열 군이 바닷물에서 나와야 하는지 물었고 또 외쳤다. 부정선거에 대해 따졌고, 총을 쏘고도 이를 감춘 책임자를 처벌하라고 소리쳤다. 국민들이 대대적으로 데모하는 이유에 대해 알고 있는 사람이라면 마땅하다고 생각했다. 그런데 이번에는 이 학생들을 상대로 총탄이 쏟아졌다. 서울 시내 한복판에서 그랬다. 한밤중까지 총소리가 하늘을 갈랐다. 집집마다 밤새 떨었다.[4] 서울 부산 청주를 가리지 않고 대규모 데모가 일어났다. 고대생 3,000여 명은 국회 앞까지 걸어갔다.

4월 19일 "부정선거 규탄 학생데모"가 전국으로 확대되었다. 서울에서만 10만여 명이 참가했다. 대학생뿐만이 아니라 고교생까지 수만 명의 시민들이 참여했다. 이들을 향해 "무차별 일제사격"[5]을 해서 많은 이들이 죽고 또 다쳤다.

4월 20일자 신문에는 '김 군의 시체유기를 자백한 박'이라는 기사와 함께 '박'의 사진이 실렸다.

신문 기사만으로는 내용을 알 수 없을 뿐만 아니라 '박'의 얼굴조차 짐작하기 어려웠다. 이를 풀어보자면, 김주열 군이 국가폭력으로 죽었다는 것, 그러나 그 과정에 대해서는 말할 수 없다는 것, 다만 시체를 유기한 사람이 있는데 그 사람이 바로 사진의 '박'이라고 했다. 4·19시위에서 드러난 대중들의 분노를 감안하여 김주열 군의 죽음을 밝힌 보도였지만 애들 장난보다 못했다. '학생 데모 화보'가 신문 한 면 전체를 장식하고 있는 현실에서 이 사진은 구석기 시절 동굴벽화에서나 볼 법한 상징적인 그림이었다. 누구인지 알 수 없었다. 아니, 이런 사진을 싣고 있는 사람들을 이해할 수 없었다.[6]

김주열 군의 시체를 유기했다고 자백한
박종표의 사진(〈김 군 시체는 내가 유기〉, 《동아일보》 1960. 4. 20).

4월 19일부터 '수십만 군중'의 파도가 거리를 휩쓸었다. '오열 개재', '공산괴뢰' 운운하는 소리가 지속적으로 흘러나왔지만 거리에서 그들이 부른 노래는 〈삼일절 노래〉였다. "터지자 밀물 같은 대한독립 만세!"라는 구절을 불렀다. 그렇게 한 맺히게 40여 년을 불러왔던 '우리 민족', '조선민족'이 아닌가. 그런데 학생들이 길거리에서 죽었고, 자꾸 '오열 개재'라는 말이 흘러 나왔다. 여기는 어디, 나는 누구인지 되묻고 싶었다. 그래서인지 시민, 학생, 청소년들이 만들어낸 거리의 풍경이 노도怒濤에 가까웠다. 오전과 오후를 가리지 않은 밤샘 시위가 새벽까지 이어졌다.

25일 밤도 역시나 새벽부터 서울 거리를 뒤덮은 노도'가 가라앉지 않은 채 서울 거리를 뒤덮자 이승만 대통령은 26일 오전 9시 30분 "국민이 원한다면 대통령 직에서 물러나겠다"고 발표했다. 총 4개 항이 발표되었는데, 제1항이 "국민이 원한다면 대통령 직을 사임하겠다"는 내용이었다. "나는 무엇이든지 국민이 원하는 것만 있다면 민의를 따라서 하고자 한 것"이라는 말도 잊지 않았다.[7] 거리에 있는 시민들은 일제히 환성을 올렸고 기쁨에 들떴다. "국민이 원한다면"만큼 속이 펑 뚫리는 말이 없을 것 같았다. 그러니까 대통령이 무엇인가 중차대한 결정을 할 때에는 '국민'이 그 중심에 있다는 얘기였다. 대통령도 '국민'이 원한다면 바꿀 수 있었다. 이승만 대통령은 국민이 원해서 그만두었다. 오비이락인지 아전인수인지 알 수 없었지만 '국민'이라는 한 단어만큼은 콕 박혔다. 한 시인은 "국민이 원한다면"이라는 말을 몸소 실천했다. 이를테면 "우선 그놈의 사진을 떼어서 밑씻개로 하자/ 그 지긋지긋한 놈의 사진을 떼어서/ 조용히 개굴창에 넣고/ 썩어진 어제와 결별하자"[8]라고 했다. 역시 "죽지 않고 살아 있었구나"[9]라는 말이 절로 나왔다.

한 신문에서는 다음날 "학생들이 일어났고 싸워줬고 피 흘리고 승리했다"고 전했다. "죽은 데모가 아니라 산 데모"[10]라고 했다. 그리고 "대학생 고등학생 소학생 만세 청춘 조국은 그대들의 것"[11]이라고 했다. "조국은 그대들의 것"이라는 말이 좋았다. 해방이 이제야 온 듯싶었고, '조국'의 품에 안긴 듯싶었다. 다음날부터 "국민이 원한다면"이라는 말은 사람들이 모이는 자리마다 오갔다. "국민이 원한다면", "국민이 원한다면"이라는 말이 여기저기 걸리며 말해지고 들려졌다. 그러나 이 말을 남긴 대통령은 하와이로 떠났다. "국민이 원한다면"이라는 말은 이 나라가 민주주의 국가라는 말보다 더 와 닿았다. 어쨌든 "국민이 원한다면"으로 시작해서 "하와이나 가라"로 이어지는 농담은 즐거웠다. 4·19혁명은 "국민이 원한다면"이라는 문장을 확실하게 남겼다.

이승만 대통령이 4·19 이후 "국민이 원한다면 대통령 직을 사임하겠다"고 한 말은 언제 들어도 좋았다. 국민이 원한다면 대통령 직을 사임하겠다니, 그 사정이 무엇인지 분명치 않더라도 4·19가 낳은 공로임에는 틀림없었다. 그래서일까. 4·19의 효과는 곧바로 나타났다. 그렇게 일 년 동안 시위가 이어졌다. 너도나도 "국민"이라고 외쳤다. 딱 일 년 동안 그랬다. 4·19 이후 약 10개월 동안 1,836건의 데모가 벌어졌다. 심지어 "엄마가 독재하잖아, 데모할 거야"[12]라고 말하는 아들의 시위가 놀랍지 않을 정도였다. 데모는 있었지만, 광장도 없었고 말하는 자는 있었지만 듣는 자가 없었다. 너도나도 데모를 했다. 시위대의 말은 누군가에게 전해져야 하는 말이었지만 말이 되지 못했다. 일 년 동안 갈래갈래 갈린 길로 나뉜 숱한 시위와 데모에 사람들은 조금씩 지쳐갔다.

'혁명의 혁명'이 재건되다

이렇게 해서 세상이 변할까. "민주주의도 좋긴 좋지만"[13] 세상 물정을
모르는 자들의 몽상이 아닐까. 민주주의가 세상을 바꾼다고 떠드는
자들은 세상을 몰라도 너무 모르는 것이 아닐까. 대학에서조차 시위
에 참가한 재학생을 바라보는 복학생의 시선은 차가웠다.[14] 대학에서
실존주의를 강의하던 교수조차 데모에 참가하는 학생들을 냉소적으
로 쳐다봤다. 그 냉소를 머금은 시선이 강렬했다. 사실 시위가 한창
벌어지던 당시에도 그랬다. 시인 김지하는 4·19 당시 "시위대에 합류
할까 하는 마음이 잠시 들긴 했지만" 버스에서 내리지 않았다. 이유는
간단했다. "4·19를 이념도 지도노선도 없는 단순한 폭발"이라고 생
각했기 때문이었다. 그래서 성북동 집 가는 길에 시위대를 보았지만
보건 말건 '그냥 너희들이나 데모해라' 라는 마음뿐이었다. 한 문학평

"부모형제들에게 총부리를 겨누지 말라!"고 외치는 소년들
(www.419revolution.org).

론가도 비슷하게 고백했다. "우리 학우들이 당했다"는 고함소리와 함께 항의하러 나가자는 얘기를 들었지만 벤치에 그대로 앉아 있었다고 했다. 시위대가 조금은 미덥지 않게 보였기 때문이다.

짐을 내팽개치고 시위대에 합류할까 하는 마음이 잠시 들긴 했지만 나는 버스에서 내리지 않았다. 나는 4·19를 '이념도 지도노선도 없는 단순한 폭발'이라고 생각하고 있었다. 시위대를 뒤로하고 버스가 시청 앞, 더 이상 못 간다는 버스운전사 말을 듣고 이불짐을 메고 내렸다. 성북동 집까지 걸어갈 수밖에 없는 상황이었다. 중간 중간 마주치는 시위대들이 보건 말건 나는 땀을 뻘뻘 흘리며 안국동을 지나고 있었다. …… '그냥 너희들이나 데모해라.'[15]

김병익: 학생회장이 된 친구가 우리 학우들이 당했다, 함께 항의하자며 몰고 나가는데 저는 벤치에 앉아서 가만히 바라보고 있었어요. 이런 식으로 웃고 장난치면서 시위하는 것이 과연 정당한가 하는 생각이 들어서 행동에 나서야 한다는 생각이 자꾸 저어됩니다. …… 어떤 혁명적인 사태라는 것이 진지한 얼굴로 오는 것이 아니라 사실은 우스꽝스러운 얼굴로 오는 것이 아닌가.

김승옥: 4·19날 동숭동에 있던 서울대 문리대에서는 1학년들도 데모에 많이 참가했어요. 수업이 없어도 말쑥한 감색 교복 입고 학교에 열심히 일찍 나오는 것이 1학년인데 그날은 선배들이 가자고 앞장서서 몰고 나가니까 멋모르고 따라 나갔죠. 나는 법과대학 1학년 학생들과 어울려 종로로 나가서 광화문 쪽으로 가고 있는데 총소리가 들려오기 시작하자 웅성웅성 데모대가 흩어지기 시작하더라구요.[16]

어쩌면 4·19혁명은 혁명이 아닐 수도 있다는 것, 혁명이 이렇게 우습게 나타나지는 않으리라는 것, 기껏해야 스무 살 내외의 소년과 청년들이 들고일어난 혁명이 혁명일 리가 없다는 의심은 시간이 지나갈수록 더해갔다. 그 소문은 소문이 아닐지도 모른다는 기대와 걱정이 엇갈리는 사이 일 년이 지나갔다. 그렇게 의심과 의심에 불안이 더하는 사이 또 다른 사건이 펼쳐졌다.

해도 뜨지 않은 새벽이었다. 하늘을 가르는 총성. 부엌의 생쥐가 빠르게 달려 나갔다. 불안과 걱정이 이어졌다. 기껏해야 4,000명도 안 되는 군인들이 한강을 넘어 오더니 방송국을 장악했고 군사혁명위원회가 행정 사법 입법을 접수했다. 그렇게 발표되었다. 혁명은 이 정도로 폼 나게 하는 건가 싶었다. 일사천리로 진행된 혁명은 50여 일 후에는 반공법을 제정해서 법 기강을 바로 잡았으며 각종 사회 정화를 내세우며 공보부를 설치, '언론 정화'를 단행했다. 군사혁명위원회의 혁명은 적어도 '우스꽝스러운' 얼굴로 등장하지 않았다.

혁명은 안 되고 나는 방만 바꾸어버렸다
그 방의 벽에는 싸우라 싸우라 싸우라는 말이
헛소리처럼 아직도 어둠을 지키고 있을 것이다. ……[17]

4·19혁명은 '어린' 학생들의 데모로 격하되었고, 5·16은 어른들의 용단으로 결정된 국가재건으로 얘기되었다. 5·16쿠데타를 '혁명'이라고도 했다. 혁명은 방송을 타고 전국 방방곡곡으로 방송됐다. 쿠데타가 아니라 분명히 '혁명군'이라고 했다. 해적판이 버젓이 발간되면서 가짜가 진짜처럼 통용되는 시절이기는 했으나, 그렇다고 삼표 연탄과 육표 연탄이 헷갈리지 않았는데 쿠데타를 '혁명'이라고 했다.

4·19는 불가역적이었지만[18] 그럼에도 '혁명'은 재건되고 있었다.

반공 작문 반공 포스터 같은 것을 매월 제출하라 한다. 반공 웅변대회를 자주 열라고 한다. 반공 부락을 정해서 매월 전 직원이 나가서 지도하라고 한다. 재건이라는 말이 낡아지니 반공이란 말이 새로 등장했다.[19]

'혁명'이 쌔벼치기 되면서 '재건'이라는 말이 유행했다. "공무원이 착용했던 옷은 재건복, 수입품이라고 사용 금지된 흰 밀가루와 설탕 대신에 검은 밀가루와 인공감미료로 만든 빵이 재건빵, 참회하고 제주도 횡단도로를 닦으러 간 왕년의 깡패들은 재건대", 세상의 모든 극기와 검약이 두 글자에 담긴 것 같다고 말해졌다.[20] 남녀의 사귐 또한 '재건데이트'라고 불렀다. 재건데이트는 개인의 달달한 연애조차도 국가재건 프로젝트처럼 하라는 말이었고, 재건이 중요하다는 말을 강조한 것이었다. 재건복에 재건데이트에, 혁명은 많은 것들을 하나의 이름으로 통일시켰다. 시발자동차는 변화된 상황에 맞게 1962년 새나라자동차로 이름을 바꾸었다. '새나라자동차'의 엔진은 일본제였다. 일본제였지만 우리가 만들었다는 자부심으로 온 나라가 새나라가 된 듯 떠들어댔다.

사람들은 '혁명'이라는 말에 대해 곰곰이 생각했다. 혁명을 연달아 경험하면서 혁명에 대해 의심하기 시작했다. 혁명은 대단한 것이 아닐지도 몰랐다. 어쩌면 매년 일어날 수 있는 그런 것일지도 몰랐다. 이를테면 밀가루 반죽이 부풀어 찐빵이 되는 그런 것. 만약 혁명이 단지 찐빵 같은 것이라면, 다시 말해 밀가루가 어떤 임계점에 달하는 순간 부풀어 오르는 것처럼 어이없게 부풀어 터지는 그런 것이라면 혁명도 찐빵 같은 게 아닐까, 라고 생각하기 시작했다. 밀가루와 밀가루가 엉겨 붙어 부풀어 오르는 것이 혁명이 아닐까. 혁명은 찐빵 같은 것일지도 모른다. 다시 말해 찐빵 같은 혁명이란 사공이 많아 배가 산으로도 올라갈 수 있는 정도의 문제일지도 몰랐다. 민주주의는 다수결로 삶의 비참을 자초하는 찐빵 같은 사태일지도 몰랐다. 여하튼 찐빵이나 혁명이나 한순간에 터지는 것은 비슷한 것 아닌가. '혁명'의 프레임이 달라지자 '혁명'이 '찐빵'으로 상상되었다.[21]

이상한 일이다. 하나하나를 보면 모두 소심하고 말이 드문 애들이다. 그런데 모이기만 하면……우리 열 명이라는 밀가루는 반죽이 되면 엉뚱하게도 찐빵이 된다. 하나하나가 가지고 있는 분위기는 서로 비슷하면서도 그들이 모였을 때는 전혀 다른 분위기가 되어버린다. 조용한 밀가루들은 떠들썩한 찐빵이 되는 것이다. ……그 자체로서 생명을 가지고 있는 찐빵은 때때로 우리를, 찬 겨울밤에 남산 꼭대기에 올려놓기도 하고 종삼 골목 속에 몰아넣기도 하고 술집의 사기그릇 든 찬장을 뒤집어엎는 데 끌어내기도 하고 또 때때로 눈깔사탕 봉지를 안고 양로원들의 썩어가는 대문을 두드리게도 한다.[22]

불길한 예감은 적중했다. 1960년대 혁명이라는 말은 찐빵만큼이나 흔하디흔한 말로 쓰였다. 이를테면 '슬레이트 혁명'도 그러했다. 당시만 해도 비가 새는 초가지붕이 흔했는데 슬레이트가 등장했고 게다가 값도 저렴했다. 그래서 말 그대로 '혁명적인 건축자재'[23]로 불렸다. 전국적으로 '뚜껑이 열리는' 대변혁이 연출된 것이다. 슬레이트뿐이겠는가. 애들 과자도 혁명이라는 말을 흔하게 붙였다. 이를테면 웨하스에 이어 크라운 산도가 나온 것은 '과자의 혁명'이라는 식이었다. 밀가루의 환골탈태, 한국과자의 야심작, 크라운 제과의 야심작은 정말 다디달았다.[24] 산도가 샌드sand의 일본식 발음이거나 말거나 그 맛은 샌드가 아니라 산도에 가까웠고 그래서 더 친근하고 익숙했는지도 몰랐다.

혁명은 어른들이 하는 거야

애들은 가라. 혁명은 어른들이 하는 거야. 이른바 1961년 혁명의 공식이었다. 4·19는 기껏해야 어린 학생이나 길거리 구두닦이 등이 야기한 사건이 아니겠는가.[25] 소년은 지워졌고, 그리고 그와 관련된 기억도 지워냈다. 5·16은 어른들의 거사라고 말해졌다. 4·19혁명은 혁명이 아닐지도 모른다는 짐작이 기정사실화됐다. '혁명의 혁명'이었다. "요즘 세상은 가짜가 진짜 노릇을 한다구"[26]라는 말이 나돌았다. 실은 4·19 이후의 세상은 진짜 찐빵처럼 되어버렸다.

　이렇게 '혁명의 혁명'이 프레임 전쟁에 나서는 과정에서 4·19는 어린 학생들의 '의분'으로 얘기되었다. 김수영은 "혁명은 왜 고독해야 하는 것인가"라고 썼지만 '고독'이 '고립'으로 오역되었다. 어른들의 혁명은 터져나오는 폭죽 같은 즐거움 대신 비장함으로 거리를 지배하고 있었다. 때로 그 비장함은 생각보다 더 무겁게 개개인의 삶에 스며들었다. 이를테면 한 대학생은 더 이상 학교를 다니기 어렵다고 말했다. 자꾸 환청처럼 "무관심 하라"라는 말이 들린다고 했다. 또 다른 청년은 자꾸 자술서를 쓰라는 헛것이 보인다고 했다. 그것은 "무관심 하라. 하나 둘 셋"이라고 무섭게 말하는 군인의 명령 같은 것이었으며 4·19에 대해서 자술하라고 말하는 경찰관의 압박 같은 것이었다. 헛

것일지도 몰랐으나 제 자리를 찾지 못하는 청년들이 생겼다. 청년들은 말할 수 없는 말들을 품게 되었다.

4·19세대에게 허기란 이런 것이었다. 그것은 사르트르의 작품 속 로캉탱이 느꼈던 '구토'와 비슷한 것일지도 몰랐지만 '허기'라고 말하는 것이 더 한국적 현실에 가까웠다. 실존의 감각은 뱉어내기 전에 먼저 갈급하게 먹어치워야 하는 허기로 감각되었다. 그 굶주림 속에 바로 내가 바로 나 자신이고 싶은 마음도 있었다.[27] 혁명조차 배고픔으로 남았다. 그래서 4·19의 역사는 쓰이지 않았다고 생각했다. 4·19와 5·16 사이에서 혁명은 찐빵이 되어버렸지만 아직 쓰이지 않은 무엇이었다. 그것이 비록 쓰이지 않았지만 바로 쓰이지 않음으로써 쓰일 수 없음을 드러냈다.

배고픔과 허기 속에 혁명이 찐빵이 되는 과정에서 청년들은 자기모멸에 시달리기도 했다. 그래서 한 시인은 50원짜리 설렁탕을 먹으면서 갈비에 기름덩어리만 있다고 화를 냈다. 그 생각이 고궁에 구경 갔다 오는 길에 갑자기 떠올랐다. 고궁의 음덕한 역사에 대해서 따지지 못하고 겨우 이발쟁이나 설렁탕집 주인에게 옹졸하게 굴지 않았는가. 부끄러운 거였다. 그래서 이렇게 적었다. 그럼에도 "눈은 살아 있다"고, 그러므로 기침이라도 해야 한다고 말이다.[28] 이런 말이 필요했다.

노란
샤쓰 입은
괴물들

해방 이후 한국 최고의 히트송은 한명숙의 〈노란 샤쓰의 사나이〉이다. "노란 샤쓰 입은, 말없는 그 사람이 어쩐지 나는 좋아"로 시작되는 이 노래, 어른 아이 할 것 없이 전 국민이 좋아하는 국민가요였다. '국민'으로 뭉치기보다 '민족'으로 불리는 게 더 익숙했던, 아니 '민족'이 팔리는 상품의 기호가 되었던 시대였으니 국민가요라고 부르기보다 '민족의 노래'라고 말하는 게 나을지도 몰랐다.

　군복을 물들여 입고 다니던 시대, 치수도 안 보고 맞기만 하면 입고 다니는 시대에 '노란 샤쓰'의 정체는 낯설었고 낯선 만큼 신선했다. 손창섭의 소설 〈미해결의 장〉에 나오는 어머니는 고아원에서조차 쓸 수 없는 구제품을 덤핑으로 받아서 일종의 '퀄팅' 의류를 만들어 입던 시대였다. 1959년 유현목 감독의 〈구름이 흘러도〉라는 영화에 나오는 4남매는 자신들을 혹시나 헷갈려 할까 봐 시종일관 옷 한 벌로 일관성을 자랑했다. 그러한 시대였다.

한명숙 〈노오란 샤쓰의 사나이〉 앨범.

노란 샤쓰 / 노란 조끼 입은 청년

물론 당시 '헐리우드 키드' 병석이는 이탈리아 영화 〈물망초〉를 보러 갔을 때 '노란 비키니'를 '고급'으로 느끼며 자기 처지와 비교했다.[29] 그리고 "그에게서 언제나 비누 냄새가 난다"로 요약되는 강신재의 소설 《젊은 느티나무》에서조차 '노란 샤쓰'는커녕 '엷은 빛깔의 셔츠' 정도로 그 환한 색채감을 드러내는 데 반해, 1962년 '노란 샤쓰 입은 사나이'에서는 선명하게 색깔을 강조했다. 그런데 노란 샤쓰뿐만 아니라 '어쩐지'라는 말도 낯설기는 마찬가지였다. '말없는 것'까지야 어찌어찌 넘어간다지만, '어쩐지'라는 말은 또 무엇인지 상당히 의심쩍었다. 다만 짐작해 본다면 '노란 샤쓰 입은 사나이'를 '어쩐지' 좋아하지 않을 방도가 없다는 얘기로 들렸다. 노란 샤쓰가 어쩐지 마음에 든다는 말이 아리송하기만 했다. 다만 노란 샤쓰의 그 환한 눈부심만으로도, 그 명랑한 분위기만으로도 어쩐지 좋아하는 마음이 들었다는 얘기로 들리기는 했다. '어쩐지'라는 말은 그런 의미가 아니겠는가. 그 눈부신 화사함만으로도 설명되는 것, 그렇게 납득할 수 없는 그 무엇에 이끌리는 것이 '어쩐지'가 아니겠는가. '노란 샤쓰'는 병석이가 이탈리아 영화에서 낯설게 보았던 '노란 비키니'를 볼 때 느꼈던 선망과 열정의 마음이 아니겠는가.

그러나 노란 샤쓰 유행 이전에 '노란 조끼'로 전 세계 청년들의 마음을 훔쳐 간 청년도 있었다. '고뇌'의 주인공으로 기억되는 노란 조끼의 주인공, 바로 베르테르이다. 그가 입은 노란 조끼는 유럽 전역에서 인기를 끈 바 있다. 베르테르의 노란 조끼는 화사함과는 거리가 멀었다. 그저 청춘의 우울과 고뇌를 담아낼 뿐이었다. '노란 조끼'와 '노란 샤쓰'는 달랐지만 울증과 조증이 그렇듯이 그리 다르지 않을지도 몰랐다. 전혜린은 '까만 외투에 까만 머플러'로 그 우울의 빛을 놓지 않았으며[30] '학림다방'에 모인 청년들의 옷차림도 '검정물 들인 군복'[31]으로 가난한 청춘의 번민을 드러냈다.

세상이 조금씩 달라지고 있었다. 신문에서는 연신 새로운 청년들이 등장하기 시작했다고 전했다. 이를테면 비틀즈가 그러하다고 했다. 머나먼 영국의 청년들, 그 이름도 처음엔 '비틀'이라고 소개되었다. 몽실언니의 헤어스타일과 비슷한 그들이 미국 팝 인기순위를 점령했다고 했고, 반듯하게 서 있지 않은 채 껄렁대는 그 모습이 조금 남달라 보이기도 했다. 비틀즈의 간난이 헤어스타일을 계승한 것은 1970년대 통기타를 메고 거리를 종횡무진했던 장발의 대학생들이었다. 제임스 딘이 가진 우수와 고독의 빛과는 어쩐지 남달라 보이는 앳된 청년들, 놀 줄아는 영국 청년들. 비틀즈는 그렇게 '비틀'이라는 한국말과 절묘하게 맞아떨어졌다. 물론 '비틀'과 '비틀즈' 간에는 큰 차이가 있다는 것을 금세 알게 되었다. 2차 세계대전 이후 영국과 미국 일본 등지에서 '비트 제너레이션', '태양족'이라고 부르는 새로운 청년들이 등장했다. 이들은 두 번의 세계대전을 치르고도 얼굴색도 바꾸지 않은 채 아무렇지 않게 '건전한 정신' 운운하는 어른들의 문화를 참아낼 수 없었다.

신선한 감수성, '한글세대' 등장

한국에서는 그 전조가 1956년 '우상의 파괴'에서 보이기 시작했다. 1956년 스물두 살이던 이어령은 기성세대를 일러 '우상'이라고 했다. 사람들은 그러거나 말거나 '우상'에 대해 말하는 대신 '우상의 파괴'를 말하는 청년들에 주목했다. 이들은 여러 매체에 글을 실었고 새로운 언어 감각을 선보였다. 우선 어린 학생들은 전국 단위의《학원》잡지에 글을 실었고《사상계》를 돌려가면서 읽었다. 그리고《사상계》의 동인문학상,《학원》의 학원문학상에 응모하며 자신들만의 감성을 만들어갔다. 이들은 스스로를《학원》네트워크 속에서 성장했다고 자부했다. 누구는《학원》이 나오는 날은 학교 수업을 빼먹은 채 솔방울이 굴러다니는 나무 아래에서《학원》을 읽던 그 경험을 신나게 이야기했다. 자신들만의 느낌을 전달할 수 있는 언어, 그 언어로 표현된 세계가 있다는 것은 세상을 표현할 수 있는 가능성과 다르지 않았다. 이들은 '노란 샤쓰'와 '노오란 샤쓰'의 차이를 감각할 수 있었다. 누구는 이 청년들을 일러 '한글세대'라고 했다.

당시 학생들은《사상계》와《학원》을 좋아했다. 읽는 재미가 쏠쏠했다.《학원》의 독자소식란 이름이 〈메아리하우스〉였는데 이천중학 3학년 김학성은 "나는《학원》을 사랑하는 소년입니다"라고 서슴지 않고

1965~1966년경 미8군 군인이 찍은 사진으로 책과 문구를 동시에 취급하는 가게의 모습. 가게 상단에는 잡지가 전시되어 있으며, 하단에는 문구가 진열되어 있다.

(329)

〈新春文藝當選作家短篇選〉

霧 津 紀 行

金 承 鈺
〈六二年度 韓國日報 新春文藝當選〉

〈霧津으로 가는 버스〉

1960년대 이청준, 김승옥 등 젊은 세대의 문단 진출이 활발했다.
신춘문예 당선작 〈무진기행〉(김승옥)이 실린 책의 일부.

애기했고 밀양중학 2학년 김문기는 《학원》이 영원무궁토록 나의 좋은
벗이 되어주기를 바랍니다"라고 말하는 것도 모자라 "다른 잡지처럼
중단되지 말 것"이라는 깨알 같은 당부를 덧붙여 놓았다. 초기에는 '중
학생 종합잡지'로 선전하기도 했으나 중고등학생의 전국 포럼이라고
해도 과언이 아닐 정도로 《학원》은 청소년의 정신적 지주였다. 종이가

부족해 새 학기마다 교과서가 제때 나올지 걱정하던 때였음에도 《학원》은 당시로서는 상상할 수도 없는 10만 부를 찍었다. 순천고 김승옥, 춘천고 전상국, 보성고 조해일, 마산고 이제하, 경복고 황석영, 서울중 황동규, 서울중 마종기 등이 《학원》 문단에 글을 선보였고 학원문학상을 수상했다. 지금에야 믿을 수 없는 일이지만 고등학교 남학생이 선호하는 직업 3위가 작가였다는 통계도 있다.

이 청년들은 '문학 나부랭이'라고 할지라도 작가에 도전해보고 싶어 했다. 물론 소설가가 되겠다는 손자에게 "애야 왜 하필 배고픈 소설가가 되겠다는 말이네. 건 아주 헐일 없는 사람들이나 허는 게란다. 수염이나 기르구 침이나 탁탁 뱉어내는 사람들 말이다"[32]라고 말하는 기성세대도 있었지만 청년들의 생각은 달랐다.

조정래의 소설 《태백산맥》의 김범우가 교사로 있던 그곳에서부터 이야기를 시작해보자. 《태백산맥》의 주인공 김범우는 학병 시절 미군 포로가 된 후 미군에 남아 일할 것을 권유받았지만 거절했다. 대신 고향 순천에 내려가 선생으로 살겠다고 마음먹었다. 그런데 김범우의 마음과는 다르게 학생들은 새로운 선생님이 온다는 소식에 선생님의 인사말이 얼마나 길지, 그래서 얼마나 오랫동안 애국조회가 이어질지만 생각했다. 그런데 언뜻 보아도 서울물을 먹었음직한 선생님이 강단에 올라서자마자 단 몇 마디로 인사말을 끝내는 것이 아닌가. 학생들이 마음속에서 분침을 가동하기도 전에 선생님은 몇 마디만 하고 단상에서 내려왔다. 짧은 것도 인상적이었지만 그보다 더 놀라웠던 것은 다른 선생님과 달리 "나는"이라고 말하지 않고 "저는"이라고 말하는 것이었다. 단 한 글자 차이였지만 '어쩐지' 민주주의를 느끼게 했다. '어쩐지'는 그런 모든 변화를 압축하는 그런 말이다.

'어쩐지'는 말로 설명할 수 없지만 새로운 감각이었다. 하나하나 짚

어보자면 분명한 이유가 있는 것이었지만 분명 다른 느낌으로 전해져 오는 새로운 감각. 그런데 이 변화가 한두 사람의 변화가 아니라 '세대'의 변화라고 했다. 이 변화는 어쩌면 예견된 일일지도 몰랐다. 1954년부터 1차 교육과정이 시작되었는데 이 시기부터 국민학교를 다닌 학생들은 당연하게도 한글로 읽고 듣고 썼다. 어린 시절 일본어를 들었던 기억은 있으나 자신의 경험을 자기 언어로 잘 표현할 줄 아는 세대였다. 물론 소설가 김동인처럼 소설을 쓸 때 일본어로 구상하는 편이 훨씬 수월했다고 말하는 이중어 세대가 많이 있었지만 자라나는 새싹은 그들과 다른 '한글세대'였다.

김승옥: 아, 홈룸이라고 불렀습니다. 일주일에 한 번씩 홈룸 시간을 갖고 학교생활을 개선할 수 있는 자유로운 회의도 하게 했어요. 반장도 과거엔 선생님이 잘하는 학생을 지명해서 시켰는데 그 때부터는 선거에서 뽑게 했습니다. 또 그때 민주주의란 무엇인가 하는 교육용 책자들을 많이 읽게 했는데 아마 유엔군 사령부나 미국공보원에서 보낸 책들 같았어요. 저는 그 책들에 삽화를 그린 코주부 김용환 씨나 김의환 씨 그림을 좋아해서 열심히 봤습니다만 어쨌든 반공교육 겸 미국식 민주화 교육을 시킨 거죠. 민주화 교육의 핵심이 우리 대표를 자유롭게 우리 손으로 뽑는다는 것이죠. 그런 교육을 받고 자란 세대였기 때문에 자유당 정권의 부정선거를 보고 참을 수 없어서 4·19를 일으켰고 그 세대들이 박정희 시대의 일본 군국주의적 독재를 참을 수 없어서 민주화 투쟁을 해왔다고 생각합니다. ……

김승옥: 내가 고등학교 3학년 때 4·19가 나기 전해부터 그 일이 시작되었어요. 《동아일보》를 보려면 《서울신문》도 강제로 구독해야만 했

어요. 그 사건 하나 때문에 자유당 정권이 독재정권이라는 인식을 한 순간에 국민에게 주고만 셈이 되었지요. 사실은 나중의 박정희 시대와 비교하면 자유당 정권 시절엔 상당한 언론자유가 있었어요. 《사상계》 같은 잡지도 자유롭게 나오고 했었는데……고등학교에서도 한 반에 한 부씩 구독하라고 강매를 했어요. 그 사건 때문에 고등학생들이 크게 반발할 만큼 청소년들의 민주의식이 아주 높아져 있었죠.[33]

한글만 배운 것이 아니라 민주주의 제도도 경험했다. 이를테면 '홈룸'이라 부른 학급회의가 그러했다. 이문열의 소설 《우리들의 일그러진 영웅》은 이런 사정을 분명하게 드러내고 있다.[34] 그리고 당시 교과서도 그랬다. 한국전쟁 당시 유엔군의 활약을 설명해 놓은 글감 뒤에 '6·25 때 맛본 경험을 말해 보라'는 식으로 한 명 한 명의 경험을 묻고 독후감을 쓰게 했다. 그리고 그 독후감을 교과서에서 실은 뒤 학생들에게 자기 경험을 말해 보라고 했나. 그것은 《우리들의 일그러진 영웅》에 나오는 학급회의처럼 딱딱하고 어색하기도 했으나 어쩐지 민주주의라는 느낌이 드는 것이었다. 물론 이렇게 '학급자치회'를 열어 토론과 투표로 결정하는 그런 것을 두고 '서울학교 방식'이리고 요약하기도 했지만 국민학교에서조차 토론을 하고 투표를 했다. 때로 61표 중 59표가 한 사람을 지지하며 '꼬붕'과 '공범'의 담합으로 보일 만한 일이 벌어지기도 했다. 그래서 젊은 담임선생님이 민주주의가 아니라고 했지만 어찌 되었든 투표와 선거는 새로운 경험이었다.

말랑말랑하되 생생한

1960년대 젊은 작가들은 그 전과 분명히 달랐다. 기성 작가들은 "김 승옥이라는 벼락에 맞아서 넋이 빠진 상태"였고 "이제 우리들 시대는 갔다"고 했다.[35] 그런 거였다. 분명하지는 않지만 문장이 달랐고 감성이 달랐다. 이들은 자신들의 느낌을 잘 드러내는 표현이 좋다고 배운 세대였다. 입말의 말랑말랑함이 고스란히 배어나오는 단어를 구사할 수 있었다. 이를테면 《태백산맥》에 이런 일화가 있다. 허명길이라는 학생이 배가 고파 진달래꽃을 많이 따먹어서 밤중에 배가 '째지게' 아파 호되게 고생했다고 하자. 대부분의 학생들은 이런 생생한 일을 글로 쓰지 않았다. 배가 고파서 진달래꽃을 따먹고 설사까지 했던 일이 자랑스럽지도 않을 뿐만 아니라 그 느낌을 구태여 '주욱주욱 쏟아진 물똥은 진달래물똥'이라는 식으로, 친구에게 말하는 것처럼 쓰고 싶지 않았다. 그러나 그 경험을 생생한 표현으로 쓰는 것이 칭찬받는 시대가 되었다.

이는 평론가 김현이 책 읽기의 달달함을 "겨울밤에 가슴에 베개를 괴고 해남 물고구마를 눌어붙도록 쪄가지고 먹어대며 이형식에게로, 허숭에서 임꺽정에게로 그리고 오필리아에서 파우스트로 정신없이 뛰어 다닌다"[36]고 쓰는 것과 같은 그런 감각이다. '주욱주욱' 쏟아진 진달래물똥의 고통이나 '해남 물고구마를 눌어붙도록 쪈' 사정은 당사자가 아니면 모르는 일이지만 그 개인적 감각을 언어로 전달하는 것은 라디오를 듣다가 텔레비전을 보는 것만큼이나 생생한 것이었다.

그래서 "의용군에 끌려간 것을 한恨하였다"라거나 "여기까지 끌려오는 사이 맥진脈盡이 되어" "지난날이 호기스러웠던 것만큼 말로가 애상적哀傷的이다"라는 식의 표현을 쓰지 않았다.[37] 그것은 남들도 다

하는 표현이 아닌가. 또 자신이 느낀 감정이 '한'이나 '애상'이라는 표현으로 쓰는 게 맞는지도 확실하지 않았다. 감정을 관습적으로 표현하는 대신 어떤 상황에서 그 감정이 어떻게 느껴졌는지를 세세하게 나누어 서술했다.

이를테면, 윤희중이라는 어떤 남자가 있다고 치자. 이 남자가 '무진'이라는 고향에 내려가는데 그간의 여러 사정으로 무진에 가까워질수록 마음이 복잡해졌다. 그 마음은 고향에 대한 묘사에서도 드러난다. "밤 사이에 진주해 온 적군들처럼 안개가 무진을 뻥 둘러싸고 있다"고 말이다. 안개가 '적군' 같다는 묘사를 할 수 있는 사람은 적군과 아군의 대립이 지닌 무서움을 그대로 경험해본 사람일 것이다. 그 적군을 어두컴컴한 새벽에 발견했다면 그 압박감은 상상 이상일 것이다. 그런데 고향을 두고 이렇게 묘사하다니, 도대체 고향에서 어떤 일이 있었던 것인지 궁금해지는 게 당연하다.

한글세대 소설가들은 주관적 느낌과 기억을 객관적인 이미지 재현에 그대로 투사했다. '감수성의 혁명'이라고 하는 것은 이렇게 자신만의 감정과 감각을 그대로 옮겨낼 수 있었던 사정을 반영한 말이다. 이 간질간질하고 말랑말랑한 청년들의 언어 속에서 새로운 빛이 뿜어져 나오기 시작했다.[38] 이 빛은 자기 언어를 가진 자들의 몫이었고, 자기 언어를 부릴 수 있는 신세대의 권리였다. 1960년대 청년들은 자신들만의 언어로 매체를 만들고 문학판을 재편하고자 했다. 그래서 '새로운 창작'이 필요하다고 말하면서 "안이한 창작 태도와 족벌주의, 그리고 더러는 관권에 대한 하염없는 동경 등의 순수치 못한 기풍에 젖어 있는 이유와 관련 있다"[39]고 말하기도 했다. 연이어 문학이 어떻게 현실과 관계되어야 하는지 물었다. 이들은 '문학'이 무엇인지 재차 물었다. 그것은 문학 뒤에 숨지 않겠다는 말인 것처럼 보였다.[40]

쌍가락지, 올빼미, 바꿔치기 등등 자유당 시절의 유물들이 되살아나고 빈대표 유령표 기표 감시 따위의 새로운 전통을 착착 기록하면서 6·8공명선거는 전무후무한 막걸리 선심 속에 비틀비틀 막을 내렸다. 그리고 학생들이 거리로 쏟아져 나왔다. 처음엔 그것이 축하시위인지 규탄시위인지 분간하기 썩 힘들었다. 이번 선거가 공명선거였다는 당국의 발표가 있은 후의 일이었고 학생들의 주장엔 옳은 데도 없지 않다는 평가가 따랐으니까. 어쨌든 축하인지 규탄인지 모를 그 학생들의 시위는 쉬 끝나지 않을 기세였다. 학생들이 거리로 나간 채 학교문은 닫혔고 거리는 연일 최루가스와 경찰봉이 휩쓸었다.[41]

한국뿐만 아니라 다른 나라 청년들도 세계가 달라져야 한다고 외쳤다. 1968년 프랑스에서 시작된 학생들의 시위가 결국 유럽 전역을 휩쓸며 68혁명으로 불렸지만 "극좌학생의 유혈데모"[42]라고 보도됐다. 그러나 한국에서는 6월 8일 6·8부정선거가 자행되었다. 4·19 이후 10년도 안 되었지만 또다시 발생한 부정선거로 저 멀리 베를린에서 공부하는 학생들만 붙잡혀 왔다. 이름하여 동백림사건. 이 명칭은 정직하지 않았다. '동베를린 학생 납치사건'이라고 해야 무슨 말인지 알아들을 수 있었을 텐데 '동백림사건'이라고 하니 살기 바쁜 사람들은 무슨 말인지 이해하지 못했다. 이 사건뿐이랴. 4·19와 6·3한일회담, 6·8부정선거에 이어 동백림사건에 이르기까지 수많은 역사가 말의 난장이었다.

100권의
세계문학과
그 적들

1960년대는 전집의 시대였다. 1959년 "대한민국에도 세계문학전집이 있다"는 구호가 나돌았다. 세계문학전집은 문화적 수준을 가늠할수 있는 척도였다.[43] 세계적 수준에 육박한다는 기준이 어디에서든 중요했다. 그래서 을유문화사, 동아출판사, 정음사 등의 출판사가 앞다퉈 세계문학전집을 냈다. 종이 수급이 원활하지 않아 교과서조차 발행기일을 못 맞춘다고 하던 때인지라 500페이지가 넘는 호화 양장본발간이 그저 신기하기만 했다. 실은 세계문학전집뿐만이 아니라 《전후 세계문학전집》, 《현대 세계문학전집》, 《세계 단편문학전집》이나 《소년소녀 세계문학전집》 등이 쏟아져 나왔다.

출판사 창고에 쌓여 있는 일본어 세계문학전집이 각종 전집류의 산실이 되고 있다는 풍문이 있었지만 알면서도 모른 척했다. 각종 문학전집, 백과사전, 사상전집 등이 필요한 게 사실이었다. 식민지 시대를 거치며 세계문학전집의 위력에 눈뜬 부모들에게 "우리에게도 세계문학전집이 있다"는 유혹은 떨쳐버리기 어려웠다. 실제 학교에서 배우는 교과서와 연계되어 있는 것이 적지 않아 더 빠르게 필독서로 자리잡았다.

월급의 4배가 넘는 '문화상품'

세계문학전집이 각 가정마다 소장되는 과정이 그리 아름답지만은 않았다. 이를테면 다음과 같은 경우가 그러했다. 김승옥의 소설 《서울,

세계문학전집이 본격적으로 발간되기 직전 요약본 형태로 출판되었던
5권짜리 《세계명작다이제스트》(정신사, 1959). 1960년대 초반까지만 해도
'다이제스트' 형태로 발간된 세계명작들을 적지 않게 볼 수 있었다.

1964년 겨울》에서 한 '사내'가 죽었다. 아내의 시체를 돈 받고 판 서적
외판원이었다. 버젓이 '직장'이 있는 사내지만, 하필 신생 직업으로
떠오른 서적 외판원이라는 게 문제였다. 사실 이미 30여 년 전에 그레
고르라고 불린 남자도 외판사원이었다. 카프카의 《변신》 속 그레고르
는 외판사원을 하다가 벌레로 변했다. 그러나 1964년 서울에서 외판
사원인 '사내'는 그런 변태 과정도 생략된 채 죽었다. 대개 죽은 자는
말이 없지만, 사연은 있는 법이다. 1958년, 1959년을 기점으로 전집,

사전류가 한꺼번에 쏟아져 나오게 되는데, '컬러 인쇄'와 '금박 글자' 등의 호화 양장본으로 발간되어 일반 단행본 가격보다 3~4배나 비쌌다. 1962년 도시근로자 월평균 가계소득이 6,000원 남짓하던 시절이었는데, 1965년 을유문화사 세계문학전집 60권의 금액이 2만 5,000원이었다. 2010년 도시근로자 월평균 가계소득이 약 370만 원이니 그냥 산술적으로 계산해 보아도 비싼 문화상품이었다.[44]

물론 모든 전집이 해방 후 완역되었던 '세계문학전집'만큼 비쌌던 것은 아니다. 1960~70년대 아이들이 《표준전과》 수준 정도로 많이 읽었던 계몽사의 '소년소녀세계문학전집' 50권 전질 가격이 3,000원이었다. 그래도 도시근로자 월 소득의 절반이었다.

이 전집은 6개월 할부로 매달 450원씩만 내면 "이 나라의 귀한 어린이들에게 주는"[45] '선물'로 읽힐 수 있었으니 각 가정에서 안 사고 버티기는 어려웠다. 안방 한가운데 커다란 텔레비전이 놓여 있고 그

1971년 계몽사에서 발간한 《소년소녀 세계위인전집》. 총 15권으로 발간되었으며, 105명의 위인이 소개되었다.

주변으로 각종 전집들이 빼곡히 놓여 있었는데, 지금 생각해 보면 안 방에 놓여 있는 자개장롱을 빼고 가장 비싼 것들이었다. 계몽사 문학 전집은 물론이고, '컬러판'으로 시작되는 명작 시리즈와 위인전 등이 쏟아졌으니 어지간한 가정에선 아마도 '없는 집 제사 돌아오듯' 돌아 오는 할부금 관련 사연이 전집의 부록처럼 쌓여 있었을 듯하다.

그런데 그 장군이 엄마가 어디선가 《삼국지》를 많이 읽어야 훌륭한 사람이 된다는 중요한 정보를 얻었다. 당장 할부로 《삼국지》 전집 여 덟 권을 들여놓았으며 아들로 하여금 아침마다 소리 높여 읽게 하였 음은 물론이다. 장군이 엄마의 귀에는 이른 아침에 《삼국지》를 낭랑 하게 읽는 장군이의 목소리가 진짜 장군이 병서를 읽는 것 못지않게 위엄 있게 느껴졌다.[46]

가격도 가격이지만 당장 한국어로 완역된 서적이 부족한 판국에 고 가의 양장본으로 세계문학전집이 기획되있다는 것이 참으로 아이러 니컬했다. 독자들의 독서 열기를 감안했다면 일반 단행본으로 출판했 어야 마땅했지만, 이 세계문학전집들은 처음부터 고가의 소장용 도서 로 발간되었다. 연 번역인원 80명에 총 3만 2,000쪽이라는 어마어마 한 수사修辭도 놀랍지만 "우리에게도 세계문학전집이 있다"고 광고하 는 전집의 위력은 '한강의 기적'을 방불케 했다. 전집의 붐은 '충격'과 '쇼크'의 수사를 동반하며 독서 시장을 강타했다. 아이들이 읽을 책이 부족하다며 '서적난' 운운하는 시대에 60권, 100권 분량의 전집이 발 간되는 것 자체가 신기했으며, 전쟁을 치른 지 얼마 되지 않은 나라에 서 세계에서 아홉 번째로 백과사전이 발행된다는 자체가 놀라웠다. 물론 가격이 가격인지라 초기에는 지식층과 문화주택에 거주하는 사업가들이 소장용 도서로 구입한다는 얘기가 들려왔다.

하지만 세계문학전집이 중고등학생들의 필독서로 얘기되던 시절이니 책값이 비싸다고 남의 집 불구경하는 것처럼 넋 놓고 볼 일만은 아니었다. 누군가는 "해방 이전에는 중학교 3년생 정도면 세계문학전집을 전부 독파한 사람이 보통"[47]이라면서 요즘 학생들은 기본조차 읽지 않는다며 세태의 변화를 한탄했다. 해방 이전과 이후를 나누는 방법이 여러 가지라지만 세계문학전집의 독서량을 가지고 얘기하는 건 좀 곤란해 보였다. 오히려 소장 여부를 물었다면 좀 더 정직해 보였을지도 모르겠다. 물론 공부 안 하는 학생들이야 만세를 불렀겠지만 견물생심, 폼 나는 장정의 세계문학전집은 광고만큼 마냥 녹록한 물건은 아니었다.

할부로 장만한 폼나는 '교양'

물론 꼭 읽어야 되는 필독서이기 때문에 소장해야 된다고 말할지도 모르겠으나 이 둘의 인과성은 알리바이일 뿐이지 실은 이 인과성은 전도되기도 하며, 오히려 그 전도가 현실논리에 더 근접해 보였다. 세계문학전집은 처음부터 '읽기'를 전제한 책이 아니라 장서용 도서로 기획되었기 때문에 살 수 있을지 없을지가 관건이었다. 과연 매달 돈을 낼 수 있을까 없을까 하는 고민들, "우리에게도 세계문학전집이 있다"는 선전 문구는 굉장히 유혹적이었지만 현실은 녹록치 않았던 것. 그런데 이 고민이 말끔히 해결된다. 미래의 권리를 미리 앞당겨 쓸 수 있는 할부 제도가 그것이다.

세계문학전집은 매일매일 조금씩 저축하는 사람이면 누구든지 소

1958년 정음사를 시삭으로 세계문학전집이 발간되기 시작했다.
사진은 정음사 세계문학전집.

장할 수 있으며, 경제적 능력과 무관하게 저축/할부 시스템으로 다달
이 갚을 수 있다는 계산법이 제시되었다. 이를 통해 고가의 상품을 쳐
다보면서 느꼈던 공분이 약간의 질투와 안도감으로 변화되었다. 그럴
싸한 문학전집이 나에게도 있지 아니한가. 나도 세계문학전집을 가진
'우리' 안에 포함될지도 모른다는 불안과 안도. 사정이 이러하니 당장
비용을 지불하지 않아도 되는 전집을 본 사람들의 눈이 희번덕거리는
게 당연했다. 당시 전집은 필독해야 되는 책이기도 했지만 소장할 수

있는 능력에 관한 문제이기도 했다.

　60권이라든가 100권이라든가 하는 전집의 규모가 처음부터 제시되지는 않았다. 오히려 '세계문학전집' 출판이라는 사실 자체가 더 중요했다. 한국에서 세계문학전집은 1958년 정음사에서 제일 먼저 출판되었다. 이후 동아출판사와 을유문화사가 전집 출판에 뛰어들면서 세계문학전집은 명실공히 대표적인 교양도서로 거듭나게 되었다. 정음사는 고전과 현대로 나누어 60권을, 을유문화사는 평론과 철학 부문의 책을 포함한 종합적인 전집을, 동아출판사와 창원사는 고전, 19세기, 현대 등으로 나누어 60권 정도의 책을 발간한다는 소식이 장밋빛 미래처럼 펼쳐졌다.[48] 서울 거리에는 전쟁의 상흔이 여전했지만 초중등 학제가 본격적으로 정착하던 시기였기 때문에 한국어로 된 읽을거리가 필요했으며 이 때문에 담배 한 갑 정도의 가격이면 일서日書 몇 권을 거저 얻을 수 있다는 풍문에도 불구하고 한국어로 쓰인 책이 갈급하게 읽혔다.

　이런 사정은 일본도 다르지 않았다. 세계문학전집만 하더라도 전전戰前의 상황을 반복 증식하면서 전집 시장의 활기를 만들어냈다. 전쟁 전부터 '세계문학전집'을 대중서로 기획, 발간한 전력이 있는 일본의 출판계는 이 열기를 고스란히 이어받아 세계문학전집 출판에 박차를 가했다. 대표적인 출판사인 신조사新潮社, 하출서방河出書房, 집영사集英社 등이 세계문학전집을 분절, 확대하며 전집의 외연을 넓혀나갔다. 일제시대만 하더라도 '세계문학전집' 하면 '신조사 세계문학전집'이라 할 만큼 명성이 높았던 '신조사'는 이 열기의 중심에 있었다. 이처럼 한국과 일본 모두 약간의 차이는 있었으나 전후 국가재건 과정에서 '세계문학전집'이 대중교양의 대표적 텍스트로 자리 잡은 사정은 비슷했다.[49]

어쨌든 이 시기 발간된 세계문학전집은 대한민국 최초의 세계문학 전집이었다. 그럼에도 일본의 모작이라는 의심과 비난이 묵은 체증처럼 한켠에 도사리고 있었다. 이문구는 이런 번역 상황을 리얼하게 재현했다. 그는 《월곡후야》에서 외국문학 번역 풍경을 그려내며 믿지 못할 '개칠' 수준의 번역이라고 일갈한 뒤, 신종 직업으로 '세계문학 개칠사'를 소개했다.[50] 외국문학 붐이 일던 시기라 번역해 놓는 대로 팔리니 일본어를 좀 한다는 이들이 한 방에 모여 번역했던 것. 그런데 이들의 직업적 사명감은 '200자 원고지 한 매당 30원'이라는 값싼 대가에 허물어졌으니 사명감이 아니라 모멸감에 가까웠다. 번역이 아니라 '개칠'에 가까운 값싼 스토리텔링이라는 얘기. 그래도 우리에게 세계문학은 있었고, 할부로 소장할 수 있었다. 그런 것이었다.

그럼에도 집집마다 세계문학전집과 위인전 전집을 들여놓는 것은 자식을 사랑하는 부모라면 마땅히 치러야 하는 것이었다. 그것이 비록 중역이라고 해도, 또 '개칠'이라고 해도 셰익스피어를 알고 돈키호테를 아는 이들로 자랐으면 했다. 《국어》 교과서에 〈세계문학 개관〉이 실려서 그러한 것은 아니었다. 교과서에 실린 '세계문학 개관'을 알려면 세계문학전집 정도는 대충이라도 읽어보아야 알 수 있을 텐데 그것이 가당키야 하겠는가. 그럼에도 부모들의 마음은, 그리고 수험생의 야망은 "보이즈 비 앰비셔스"였다. 절약과 저축이 미덕인 시절이었지만 세계문학전집은 예외였다.

세계문학전집뿐만 아니라 위인전도 필수품목이었다. 이를테면 억척스러운 엄마가 있다고 치자. 박완서의 〈세모〉 이야기이다. 이 엄마는 학교에 가서 '있는 체'도 하고 담임선생님께 눈도장도 확실하게 받아 자식의 일 년을 보장받고 싶다는 마음이 들었다. 돈봉투까지 준비하니 마음이 든든하고 자식사랑을 실천하고 있는 것 같아 보람차기도 했다. 그렇게 준비하고 학교에 가 보니, 선생은 이미 더 극성스러운 학부모들과 한통속이었다. '밍크 목도리'를 하고 있는 엄마가 선생님 옆에 찰싹 달라붙어 아이의 미래를 이미 흥정하고 있는 게 아닌가. 뛰는 놈 위에 나는 놈이 있다더니 치맛바람이 본격화된 1970년대 엄마들은 이것저것 할 일이 많았다. 이 엄마는 집에 오는 길에 사려고 마음먹었던 위인전을 뒤적거리다가 이내 그만두었다. 위인전을 읽은들 무엇하랴. 위인전이란 스승은 스승답고 제자는 제자다울 수 있을 때 필요한 이야기가 아닐까 하는 의구심이 잠깐 들었기 때문이다. 위인전을 읽는 현실은 위인전의 현실과 달랐다.

소크라테스, 링컨, 에디슨, 슈바이처, 퀴리 부인, 이순신, 김유신, 이율곡……소년들의 꿈의 인물들. 나는 그것을 흥정하려다 말고 그 책들이 와락 싫어진다. 마음이 좀 더 어두워진다. 역경과 간난을 이기고 입신양명한 이야기들. 그것은 적어도 스승과 제자, 스승과 제자의 어미 사이에 대화가 있었던 때의 이야기인 것이다. 스승과 제자, 사람과 사람 사이에 그렇게도 질기고 추한 허세와 허위가 성새처럼 가로막고 있던 때의 이야기는 결코 아닌 것이다. 나는 내 아들을 돕지는 못할망정 기만할 수는 없었다. 돌아 나오려다 말고 남편에게 줄 만한 것을 사볼까 하고 선물용으로 된 아름다운 단행본 쪽으로 갔다. 수필집, 소설, 시집 모두 장정뿐 아니라 제목도 빼어나게 아름답다. 이렇게 아름다운 말들이 모두 우리말이라니. 그러나 지나치게 아름다워 꼭 밍크 목도리 같다. 그 자신 생명도 없으면서, 죽었으면서, 요염하고 오만한 밍크의 허위. 이 책들은 남편에게 좀 더 쓸쓸하고 좀 더 미운 웃음을 웃게 할 것이다. 나는 사지 않는다.[51]

새싹회가 1958년 학급문고간행회에서 펴낸
위인전집의 목록 일부.

위인전은 세계문학전집 발간과 때를 같이했다. 1958년 윤석중이 학급문고간행회라는 이름으로 펴낸 위인전은 이후 30여 년간 대한민국 위인전의 기본 틀이 되었는데, 그 속내를 보면 가관이다. 1958년 학급문고간행회에서 펴낸 위인전의 넘버 1, 2, 3이 그리스도, 석가, 공자였다. 이들을 닮으라는 건지 위인으로 삼으라는 것인지 알 수 없었다.

위인전은 대개 종교, 과학, 정치, 문화가 중심이 된 종합선물세트였다. 위인전이란 내 삶의 지도이자 삶의 모델이어야 했지만 위인전 속의 위인들은 꼭 알아야 되는 지식과 국가와 민족을 위해 몸을 아끼지 않은 인물들이었다. 위인전에 속해 있는 위인들은 모두 대단했지만 쉽게 본받기 어려웠다. 종합선물세트라는 게 원래 구색맞춤이 중요한, 소장과 소비의 품목이지 않은가.

1960년대 '세계'를 내 품안에 넣고 싶은 욕망이 '전집'에 그득했다. 때때로 그것이 무엇인지 해석되지 못한 채로 얼싸안고 집어넣는 바람에 '세계문학전집'에서는 '세계'도 '문학'도 쉽게 찾아보기 어려웠다.

'정우'의
책 읽기

영화 〈맨발의 청춘〉에서 두수(신성일)와 요안나(엄앵란)가 처음 데이트를 한 곳은 레슬링 경기장이다. 낭만적 분위기에 하등 도움이 되지 않았지만 이들은 이곳에서 손도 닦지 않고 만두를 집어먹으며 다소 야만적인 경기를 즐겼다. 물론 만두를 닦지 않은 손으로 집어먹는다는 사실이 엄앵란에게는 조금은 마뜩잖았지만 신성일이 이내 점퍼에 손을 쓱쓱 문지르며 먹는 법을 알려주자 이 둘은 언제 그랬냐는 듯이 눈을 찡긋한 후 만두를 먹었다. 1966년 개봉된 〈위험한 청춘〉도 비슷했다. 호감을 갖고 있는 두 연인이 찾은 데이트 장소가 다름 아닌 권투 경기장이었다. 레슬링장과 권투 경기장이 연인의 데이트 코스로 적당한지를 묻는 것은 넌센스였다. 어디를 가나 이리 치고 저리 치며 가열차게 싸웠다. 그런 것이 미덕이었다.

소설에 양심을 걸고 싶었던 청년

정우라고 불린 한 청년이 있다. 이 청년은 국민학교 시절 토끼 사육장을 자주 드나들었다. 그런 것이 좋았다. 그런데 선생님의 생각은 달랐다. 선생님은 그런 데 드나들지 말고 "사내자식이 싸움도 하고 그래라"라고 했다. 선생님이 보기엔 토끼 사육장을 드나드는 일은 남학생이 할 일이 아니라고 보았다. 대학교라고 별반 다르지 않았다. 대학교에서는 '싸움'이라는 말 대신 '논쟁'이라는 말로 그 공격성을 감추었지만 별다르지 않았다. "교수들은 강의를 하다가 틈틈이 재밌지 않은 유머를 말하는데, 그 유머란 것이 상대편을 어떻게 하면 꽈악 눌러버릴 수 있느냐 하는 공격 방법을 설명하는" 것이었다. 이 교실에서 우수한 학생이란 교수의 이론에 반기를 들고 교수의 이론을 '때려눕히는' 자였고 유능한 교수란 바쁘게 눈알을 굴리다가 '코에 걸면 코걸이 귀에 걸면 귀걸이' 식으로 학생의 말에 응수하는 상대였다. 그렇게라도 학생들의 공격을 받아내는 교수들이 인기가 높았다.[52]

정우는 환멸스러웠다. 분노가 아니라 환멸이었다. 그래서 토끼 사육장에 갈 바엔 싸움이라도 하라고 부추기는 선생님에게 되묻지 않았고, 강의실을 권투의 링 정도로 아는 교수에게도 굳이 저항하지 않았다. 그들의 대답이 뻔했다. 벗어날 방법도 없었고, 싸울 방법도 없었다. 궤변이 아닌 척하는 그들의 태도가 시시했다. 거부하고 싶었지만 거부할 수는 없어서 괴로웠다. 비단 정우만 그런 것이 아니었다. 친구들도 마찬가지였다.

정우는 김승옥의 소설 《환상수첩》의 주인공이다. 이 삶 속에서 한글로 된 세계문학을 집어 삼키듯 읽어댔다. 문학청년이라면 마땅히 알아야 할 프랑스 실존주의 문학에서부터 전후 세대의 문학에 이르기까지 넘나들며 읽었다. 한글로 된 세계문학전집이 속속 나오고 있었기 때문에 전집 한 질을 읽었다는 청년이 적지 않았다. 많이 읽을 수 있었고, 애지중지하는 책이 있었으며, 그런 만큼 책에 몰입할 수도 있었다. 닥치는 대로 읽을 수 있었다. 그러나 생각만큼 소설이나 시가 맘에 와 닿지 않는 경우도 많았다. 어떤 경우에는 소설이 너무 능청을 부려 "철면피? 돼지? 악마? 하여튼 여간 배짱 가지지 않고선 그런 능청은 못 부리겠더라"라는 생각이 들기도 했다. "반짝거리는 사상을 치덕치덕한 문체로 감싸서" 보기 좋게 내놓은 읽을거리는 '양심적'이지 않았다. 때때로 우리 시대의 이야기라는 생각이 들기도 했지만 흔

하지 않았다. 그래서 비교적 최근의 문학을 담아낸《전후 세계문학전집》에 마음이 끌리기도 했다.[53]

"소설 많이 읽었냐?"

"글쎄. 닥치는 대로지 뭐."

"누가 좋았어?"

"글쎄…… 앙드레 지드란 놈 알지?" 내가 고개를 끄덕이니까.

"그 자식 나하고 흡사하던데."

"천만에. 정반대인 걸."

"아냐, 흡사해. 그 자식 일 주일에 수음 몇 번 했는가를 알아맞히라고 하면 난 말할 수 있지."

"몇 번 했어?"

"네 번이지. 왜냐고? 나하고 흡사한 놈이니까. 흐흐흐."

나도 그를 따라 웃을 수밖에 없었다.

"생텍쥐페리는?" 내가 묻자 그는 "읽었어."

"어때?"

"그 자식은 아무래도 믿을 수가 없어. 놈의 소설을 읽고 있노라면 무엇엔가 꼭 속고 있는 느낌이란 말야."

나는 덤덤한 심정으로 고개를 끄덕였다. 아마 수영의 얘기는 정당할 것이다. 나는 타인에 대하여 오랫동안 깊이 생각해 본 적이 별로 없다. 타인의 소설이라든가에 대해서도.

이들은 닥치는 대로 소설을 읽었다. 그리고 소설을 통해 세상을 바라보았다. 물론 세상이 변해서 소설을 읽고 진지하게 속내를 이야기하기 어려웠다. 세상은 매일매일 변하고 있었고, 오직 성공 여부만이

1958년에서 1959년경에 출간된
카프카와 카뮈의 작품선집.

주목을 끌었다. '리즈의 수입, 케네디의 인기, 이브 몽땅의 매력, 슈바이처의 명예 혹은 카뮈의 행운' 등으로 요약되는 시절이었다.

　세상은 카뮈의 인기가 행운인 양 얘기되었고, 그래서 '존경'을 품는 대신 부러워했다. 뿐만 아니라 카프카의 작품들은 완전히 자기류의 유머 소설로 만들어서 떠들어대면 여자들이 배를 움켜잡고 방바닥을 굴러 다니게 할 수도 있다고 허세를 떠는 축들도 있었다. '문학 나부랭이'의 힘은 여전했다. 그럼에도 정우는 그렇게 생각하지 않았다.

'양심? 소설에 양심을 걸고?'라고 생각했다. 소설에 양심을 걸고 싶었다. 정우에게 소설은 또 다른 세계였다.

무관심 하라, 가만히 있어라

이 청년들에게는 그들만의 쌔끈한 언어가 있었지만 "그 입 다물라"라는 말이 환청처럼 들렸다. 정우는 서울에서 대학을 다니고 있었다. 그러나 정우는 대학에 계속 다닐 수 있을지 고민이다. 매번 귓가에 쟁쟁하게 들리는 목소리가 있었는데 "무관심 하라"라는 목소리 때문이다. "무관심 하라"는 말은, 한마디로 "가만히 있어라"라는 말이었다. 그 말을 참아내기 어려웠다. 결국 정우는 대학이고 뭐고 그냥 포기해야겠다고 생각했다. 그런데 고향으로 내려가는 버스에서까지도 그 목소리가 귀신처럼 쫓아온다. "제군, 표정을 거두어라. 그리고 오직 하나 무관심한 표정만을 남겨라. 그게 됐으면 자 이번에는 거부하는 몸짓으로 쌀쌀하게 웃을 차례다. 하나 둘 셋"이라는 목소리, 무섭고 끔찍한 그 목소리. 이 말을 한 자가 누군지는 모르지만 "제군"이라고 말할 수 있는 자인 동시에 "하나 둘 셋"이라고 구호를 붙이며 단호하게 말하는 자이다. 정우는 이 목소리를 '적'이라고 했다. 정우에게 무관심을 명하는 자, 그래서 결국 대학에서 떠나게 하는 자가 아닌가. 4·19 이후 대학생들이 느꼈던 심리적 압박감의 일면이다.

　사실 정우만 이런 고민에 휩싸인 게 아니다. 정우가 고향 행을 선택하는 것을 보고 친구 영빈은 "우리 세대에도 용기 있는 자가 있었다"라며, 정우의 선택을 '우리 세대'의 문제로 일반화한다. 이를 통해 "무관심 하라"라는 명령이 젊은 세대, 혹은 대학생 일반에 두루 적용되는 문제라는 것을 짐작할 수 있다. 정우의 친구들, 이를테면 윤수, 형기, 수영도 다르지 않았다. 그들도 살아남기 어렵다고 말하며 자학과 자살 충동에 괴로워하거나 폐병, 우울, 자학, 실명 등의 병적 증상까지 호소했다. 친구 윤수는 시인이지만 과연 시의 의미가 통할 수 있는 세상인지 되물으며 자학만 일삼았고, 형기는 "바다로 데려가 줘"를 읊조리며 죽음만을 얘기했으며, 수영은 대학을 그만둔 채 "병든 고슴도치처럼 웅크리고 앉아서"[54] 괴물로 변해 가고 있었다.

수영은 일방적인 의사로서 자기의 밥값을 자기 어머니에게 지불하고 있는 것이었다. 수영은 자기를 아들이라고 생각하지 말 것을 자기 어머니에게 선언했던 것이다. 수영은 어머니가 당신의 수입으로 사들여준 약병을 어머니 앞에서 깨뜨려버렸던 것이었다. 수영은 윤수와 윤수의 기생을 자기 방에 데려다 놓고 미친 듯이 괴성을 연발하곤 했던 것이었다. 수영의 춘화 만드는 얘기는 어지간히 알려져버린 것이어서 수영의 어머니와 진영은 낯을 들고 거리를 다닐 수 없다는 것이었다.[55]

그중에서 친구 수영의 변화는 놀라울 정도이다. 그는 법대생이었지만 학교를 중도에 포기한 채로 고향에 내려가 춘화를 팔아서 연명하고 있었다.[56] 직업만 달라진 게 아니라 사람 자체가 달라졌다. 생글생글한 표정까지는 바라지 않았지만 다른 사람처럼 달라져도 너무 달라졌다. 감정이 실리지 않은 얼굴, 무감하고 무표정한 얼굴이었다. 표정만 달라진 게 아니라 그 감정으로 연결된 관계들도 지워내고 있었다. 심지어 어머니에게 밥값을 지불하며 아들이라고 생각하지 말라고 하는 등 예전의 수영이 아니었다.[57]

"내게서 춘화를 사 간 놈들인 모양이야. 네 오빠가 그림장수지, 하며 옷을 찢더라는 게야. 난 뭐 분해서 씨근거릴 처지도 아니지 않아?" 그는 입술을 삐죽 내밀었다. 반 죽어 돌아온 진영에게 할 말도 없고 해서 그래 남자 맛이 어떻든? 하고 묻다가 자기 어머니에게 방망이로 죽어라 하고 얻어맞았다고 하며 우리를 제법 타이르는 목소리로, "뭐 다 그런 거야. 슬퍼해서는 안 되지, 제군" 하며 흐흐흐 웃다가, "내 대신 그놈들한테 복수라도 해줄 테냐, 그렇게 분해서 죽겠으면."[58]

윤수의 장례식을 치르고 난 뒤, 심신이 한꺼번에 약해져서 이불을 둘러쓰고 끄응끄응 앓았다. 불면증에 걸려서 어지럽기만 했다. 모든 것을 지배하는 것이 무엇인 줄 알아채고 요리조리 미끄러 빠지며 처신해가는 수영에 대한 증오가 나의 혼미한 정신 속에서도 부글부글 끓었다. 신이 있어 윤수를 죽인 자를 가리키라고 했다면 나는 수영이를 지적하고 싶은 정도였다. 울분의 시간, 울분의 공간.[59]

그러던 어느 날 수영의 여동생은 수영의 춘화 장사로 인해 윤간 당한다. 수영은 이에 대해 그 어떤 감정도 표현하지 않았다. 심지어 모른 척하라고도 했다. 세상은 다 그런 것이라며 "슬퍼하지 말"고 소리 지르기까지 했다. 이 말은 예전에 정우가 들었던 목소리이다. "무관심 하라"고 했던 그 목소리. 정우는 여동생의 아픔에 대해 어떤 감정도 표현하지 않는 수영의 모습에서 서울에서 고민했던 자신의 모습을 보았다. 슬픔이란 윤리적 판단과 연결되는 것이고, 그래서 감정을 가지는 것은 연명하는 삶조차 위험하게 만드는 일일지도 몰랐다. 그렇게 '무관심하게' 살아야 겨우 살아갈 수 있을 것이었다. 그렇지만 무감하게 모른 척하는 수영을 대신해서 친구 윤수가 나섰다가 결국

〈환상수첩〉이 실려 있는 《산문시대》 2호.

목숨을 잃었다. 윤수의 죽음은 수영의 무감한 태도와 관련돼 있다.[60] 수영이 분노하지 않고 판단하지도 않았기 때문에 벌어진 일이다. 정우는 적어도 수영처럼 살 수 없었다. "무관심 하라", "무감하라"는 말은 모든 가치판단을 중지시키는 명령이었다. 무감하게 반응하지 않은 채 윤리적 판단을 반납한 인간, 적어도 종으로서의 인간의 의미를 잃어버린 인간이다. 수영의 모습을 보면서 "살아남기 위한 모습도 증오할 수는 없지 않은가. 산다는 것, 산다는 것, 아아 어쩌면 이렇게 힘들고 숨 막히는 걸까"[61]라는 생각만이 자꾸 맴돌았다.

《환상수첩》에 등장하는 세 명의 젊은이들에게 '살아남는' 일은 더이상 선택의 문제가 아니다. 그래서 정우는 서울의 삶을 피해 고향으로 내려가지만 그곳도 대한민국이기는 마찬가지였다. 수영의 얼굴을 보는 순간 정우도 윤수도 도망치고 싶었다. 수영은 생명을 쥔 채로 인간의 얼굴을 잃은 괴물이었다. 살아남기 위해 관계를 반납하고 감정을 포기하며 얻은 참혹한 삶이었다. 수영은 대학에 다닐 때처럼 가난하지 않지만, 그렇다고 행복해 보이지도 않았다. 수영처럼 살아갈수는 없었다.

"차라리 우리는 오빠가……오빠가 죽어줬으면 해요" 하고 나더니 엎드려서 어깨를 들먹이는 것이었다. 마침내 어머니까지 훌쩍거리며 울고 있었다. 이러한 모녀를 흙벽 하나 저편에 두고 악마의 주언 같은 얘기들만 쑤군거리고 있던 우리들은 아아 죽을지어다 죽을지어다.[62]

다시 한 번 말하고 싶지만 중요한 것은 어떻게 해서든지 살아내야 한다는 문제일 것이라고 나는 확신한다. 더구나 그를 자살로 이끈 고뇌라는 게 그처럼 횡설수설하고 유치한 것이라면 아예 세상엔 사람이 하나도 없으리라. ……그러나 죄의 기준이라는 게 없어진 지금 죄의 기준을 비단 죄뿐만 아니라 모든 것의 기준을 높여서 생각할 필요는 없다고 나는 생각한다.[63]

수영의 가족들조차 수영이 죽었으면 좋겠다고 말했다. 그의 변신은 '벌레'만큼 끔찍했고 참담했다. 수영은 인간의 가치보다 생존의 가치가 우선이라고 말하며 어떻게 해서든 살아내야 한다고 했지만 살아 있는 상태라고 말하기도 어려웠다. '해골 같은' 몸으로 표현되는 '비죽음'의 상태이다. 그의 방에 놓여 있는 선인장은 바로 그의 상태가 어떠한지 상징적으로 보여준다. 수영은 어두컴컴한 그의 골방에서 유일하게 환히 돋보이는 선인장에 대해 "본인은 그처럼 장엄하게 살고 있지"라고 말하며 선인장과 자신을 동일시한다. 그런데 선인장 화분에 양분이랍시고 수면제 세코날을 넣어두었다. 수영은 "세코날이 선인장을 키운다"라고 얘기하면서 선인장을 살아 있는 것도 죽은 것도 아닌 반수면 상태로 만든다. 이는 수영의 상태가 어떠한지 간접적으로 보여준다. 그는 죽음 충동을 체화한 채 결코 소진되지 않은 생명 연장을 미덕으로 삼고 있다. '살아남을지어다'를 소명으로 받드는 과정에서 인간의 얼굴이 지워진 것이다.

수영의 그로테스크하면서도 변태적인 삶은 '생명'뿐인 삶, 그렇게 연명하는 삶을 선택한 결과이다. 지독하게 가난한 수영이가 법대생을 포기하고 법 내부에 속한 삶을 선택하는 과정에서 인간관계를 끊어냈고, 자기감정을 지워냈다. "제군"이라고 부르는 명령 안에 포함되고자 한 것이다. 수영은 인간으로서의 존엄과 먹고살아야 하는 생존 두 가지를 모두 부여잡을 수 없었다. 그래서 감정을 지운 채로 생존만을 부여잡은 것이다. 결국 그가 선택한 것은 '가만히 있는' 삶이었지만, 카프카의《변신》만큼이나 끔찍했다.

내가 어떻게 너를 잊을 수 있겠니

1960년대 청년들의 삶은 생각만큼 녹록하지 않다. 민주주의를 배우고 학습한 이들에게 4·19혁명 이후의 세계는, 더 이상 참아낼 수 없을 정도로 환멸스럽다. "무관심 하라"라는 명령은 위협적인 동시에 억압적이었다. 누군가는 이 목소리가 시키는 대로 무관심하게 굴었는데 그 모습은 흡사 괴물과 다르지 않았다. 괴물이란 언제든지 발각될 수 있는 국가 내부에 존재하는 잉여인간이다.[64] 괴물의 존재는 이 국가 내에 거주하는 자가 감수해야 할 몫일지도 몰랐다. 5·16쿠데타 이후 문학판은 "무관심 하라"란 명령으로 얼어붙었다.[65]

1962년 발표된 《환상수첩》은 한 청년의 유서 형식으로 쓰인 소설이다. 다자이 오사무처럼, 익살맞게 혹은 능청스럽게 현실을 견뎌보려고도 했으나 이 현실 속에서 살아남기는 어려웠다. 카뮈의 인기는 한낱 부러움의 대상이었고, 카프카의 환상은 '유머'의 소재일 뿐이었다. 정우는 그런 '소설 같은 현실'에서 살아남지 못했다. 만약 이런 현실 속에서 청년들이 그럭저럭 익살과 무관심으로 살아가는 이야기로 끝났다면 정우는 이 소설을 '유머' 소설이라고 했으리라. 다자이 오사무의 《인간실격》처럼, 카프카의 《변신》처럼, 카뮈의 《이방인》처럼 살아갔을 것이었다. 정우는 더 이상의 방법을 찾지 못했다.

대학에 남은 청년은 "무관심 하라"는 명령으로부터 도망치고 있으며, 연명하는 삶을 택한 가난한 청년은 골방에서 괴물로 변신 중이었다. 이 속에서 청년들은 그저 생존만 하거나 살지 못해 죽거나 하는 방법만이 있어 보였다. 살아남은 청년은 괴물로 변해 가고 있으며, 살아남지 못한 청년은 살아남을 수 없었다고 고백했다. "무관심 하라", 다시 말해 "가만히 있어라"가 야기한 결과이다. 하루키의 《노르웨이의 숲》에서 와타나베는 죽은 친구를 잊지 못한 채로 이렇게 말한다. "내가 어떻게 너를 잊을 수 있겠니." 이 말은 친구의 죽음 이후에 쓰였다. 그렇게라도 기억해야 했고 증언해야 했다. 정우도 그가 남긴 마지막 유서는 일기장이었다. 그리고 이 일기장은 소설이 되었다.

혁명의 뒤끝, 허무와 환멸의 60년대

1960년 3·15부정선거로 촉발된 소년소녀들의 시위가 터져 나왔다. 4월 11일, 경찰의 총격으로 사살된 17세 김주열 군의 시신이 마산 앞바다에서 발견되었다. 이 사건에 분노한 소년소녀 학생들이 연일 시위에 참가하는 가운데, 4월 19일 시위가 전국으로 확산되었다. 이 사건으로 이승만 대통령은 4월 26일 하야를 공식 선포했다. 그 이듬해인 1961년 5월 16일 박정희는 군사쿠데타를 일으켰고, 1963년 대통령에 당선되었다. 1964년 한일 국교정상화에 반대하며 대학생들이 "민족반역적 한일회담의 즉각 중지"를 외쳤으나, 박정희 정권은 계엄령을 선포하면서 집회와 시위 금지, 언론 출판 보도의 사전 검열, 영장 없는 압수 수색과 체포 등의 조치를 단행했다. 이후에도 학생들의 시위 배후에 불온세력이 있다는 이유로 '인혁당사건' 관련자 등을 처벌했다. 1967년 6월 8일 실시된 국회의원 선거에서 부정이 밝혀져서 부산지역의 고등학생과 대학생이 부정선거 규탄 시위에 나섰다. 공교롭게도 이 과정에서 동베를린에 거주하는 유학생과 학자들을 간첩 공작으로 구속한 '동백림 간첩단사건'이 발표되었다(인혁당사건과 동백림사건은 2005년과 2006년 '과거사진상규명위원회'에서 권력을 유지하기 위해 민주화 요구를 억압, 조작한 사건으로 해명되었다).

3

여성, 한국적 현실, '혜린'

식모, 여공 그리고 누이

- 식구인 듯 식구 아닌, 식모
- 해피엔딩의 주인공이 못 된 철수와 영희
- 영자야 내 동생아 몸 성히 잘 있거라

불란서 시집 읽는 소녀를 허하라

- 혁명의 설밑둘 '고운 손'
- 땀 흘리지 않는 특권층으로 가공
- "난 몰라요"를 외치는 소녀

완구점 앞에 서 있는 소녀

- 하이킹 가는 틴에이저와 하이틴
- 소녀, 좋아하네

'혜린'의 책 읽기

- 말테, 라비린스, 어서 가
- 번역되지 못하는, 그 무엇을 찾아
- 그리고 남은, 말해지지 못한 말

대한민국의 첫《국어》교과서에선 철수가 학교에 간 동안 영희는 바둑이와 집에 남
았다. 해방 이후 수많은 '영희'들은 오빠와 남동생의 학비를 대기 위해 식모, 여공,
차장 등으로 소녀 잔혹노동에 시달렸다. '영희'라 불린 한 식모는 멋진 연애와 결혼
을 꿈꿨지만 해피엔딩은 없었다. 혹여 영희가 학생이라 해도 다르지 않았다. 소녀들
이 열광하며 읽었던《키다리 아저씨》나《빨강머리 앤》같은 세계는 없었다. 소녀들
은 "엄마처럼 살지 않을 테야"를 외쳤으나 다른 길이 보이지 않았다. 그래서 불 꺼진
거리에서 서성이는 여성들이 문학작품 속에 자주 등장했다. 문학소녀는 "시몬 너는
아느냐" 같은 불란서 시를 호스스럽게 입에 달고 다닌다고 여겨 '문학소녀'를 국가의
적으로 규정하는 책이 등장하기도 했다. 그만큼 '소녀'와 '여성'은 '한국의 현실' 속에
서 자리 잡기 힘들었다.

이러한 인물의 상징으로 전혜린을 다루었다. 전혜린은 대학에서 법학을 전공했지만
3학년 때 전공을 바꿔 독일 뮌헨대학에서 독문학을 전공한 번역가이다. 그가 죽고 나
서 발간된《그리고 아무 말도 하지 않았다》에 1970년대까지 수많은 이들이 열광했
다. 전혜린의 삶이 당시 보편적인 여성의 삶은 아니었지만 번역되지 못하는 삶을 되
물었던 그의 방식이 시사하는 바가 크다고 생각했다. 항상 두 개의 언어 사이에서 말
이 되지 못하는 사유와 감각으로 괴로워한 혜린, 여성이 말할 수 있는지 물었던 인물
로 혜린의 삶을 다시 기억하고자 했다.

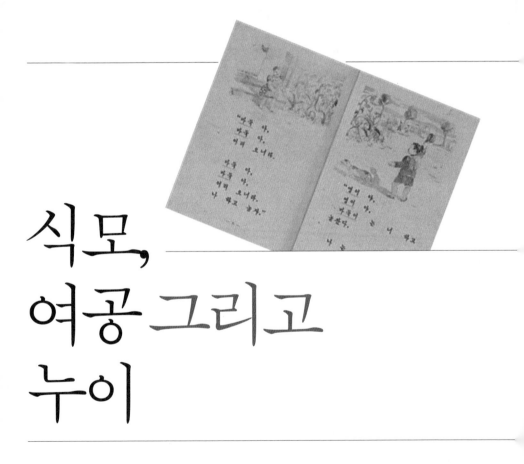

식모,
여공 그리고
누이

1960년대 단란한 가정은 '식모'를 통해 완성되었다. 구색이 갖춰진다고나 할까. 화목한 서울의 가정은 식모의 밥을 먹고 살았다. 식모의 이름은 봉순이 언니여도 좋았고 영자나 혹은 영희여도 괜찮았다. 시골에서 '촌뜨기' 소녀와 누이들이 꾸역꾸역 서울로, 서울로 올라왔다. 서울은 만원이었다. "즐거움을 제대로 누리자면 댄스도 할 줄 알아야 겠고 식모도 있어야겠고 하다못해 택시라도 탈 만한 경제적 여유가 있어야만 할 것 같았다"[1]고 말해졌다. 식모는 그렇게 '하다못해 택시라도 탈 만한 여유' 같은 것이었다. 없어도 살 수 있었지만 있는 편이 더 나았던 존재. 웬만한 집에선 식모를 부리는 데 특별한 결심이 필요하지 않았다.

식구인 듯 식구 아닌, 식모

서울의 자제들은 식모의 밥을 먹으면서 컸다. 1964년 식모 월급이 한 달 500원에서 천 원 정도[2], 당시 짜장면 가격은 40원이었으니 짜장면 열두 그릇 사 먹으면 모두 바닥날 월급이었다. 사정이 이러하니 식모 없이 살림하는 것을 부끄럽게 여기는 축들이 있었다.[3] 당시 방 한 칸 월세가 1,500원을 웃돌았으니 식모가 받는 돈이 월급인지 아닌지를 구별하기 어려웠다. 실은 식모들 중 상당수가 월급을 받으러 올라오는 것이 아니라 입 하나 덜기 위해 시골집을 떠나온 경우였다. 누구는 그 많은 '입' 중에서 하필 '계집애'여서 그렇다고 했다. "아들들은 몽땅

잡아가시고 계집애만 남겨 놓은"[4] 소녀라고 말이다. 또 학교에 가지 말고 애기나 보라는 아버지의 말을 안 들었다가 아버지에게 매 맞고 식모 살러 집을 떠나야 했고,[5] 식모를 할라치면 기왕지사 '대처'로 나가야 한다기에 꾸역꾸역 서울로 올라왔다. 시골집 계집애로 살아남든가, 아니면 서울에서 식모로 살아남든가 양단간에 결판을 내야 했다. 가족 중에 입 하나 덜어야 했던 식구였고, 동생 뒷바라지해야 했던 누이이기도 했다. 이 누이들이 손쉽게 구할 수 있는 일자리가 바로 식모였다.

식모들은 대개 아직 앳된 소녀들이었다. 그래서 이들이 원하는 것은 그저 안전하게 한 몸 뉘일 곳이었다. 그러자면 식모만한 것이 없었다. 실은 다른 선택이 없었다. 몇 년간 살림하는 법을 잘 배워 동생들 학비에 보태고, 자기 입 하나 덜어 집안 살림에 도움이 된다고 생각하면 이보다 나은 방법이 없었다. 그래서 영화 〈바람과 함께 사라지다〉의 스칼렛처럼 "내일은 내일의 태양이 뜬다"라는 말을 기억하며 억척스럽게 살아남아야 했다. 그래서 서울은 늘 만원이었다. 낯설고 물 설은 도시 한복판, 한눈 팔면 코 베어 간다는 서울. 그곳에서 '형제 같이 우대', '가족같이 지낼 분'을 구한다는 식모 광고는 다른 어떤 광고보다 끌렸다. 혈혈단신 홀로 살아가야 하는 사람들이 많았던 시대, 이들에게 "가족같이"라는 말은 그 어떤 말보다 강력했다. 그래서 잡지《명랑》의 〈애독자 쌀롱〉에는 '의형제 구함'이 자주 올라왔다.[6] '가족같이'를 원하는 이들은 식모 말고도 많았다. 가족을 잃었고, 가족을 떠나와야 했던 이들에게 '가족같이'는 그 무엇보다 중요했다. 그런데 '형제처럼', 가족 같이'는 현실과 달랐다. 식모가 과연 식구인지 약간 헷갈렸기 때문이다. 밥과 집을 공유하고 있긴 한데 식모는 식구인 듯 식구 아닌 채로 그렇게 함께 살았다. 여하튼 식구는 식구이지만 식구의 인원

수에서 살짝 빠져도 별 저항이 있을 수 없는 '잉여인간'이었다.

식모를 부르는 명칭은 대개 '밥 하는 애', '부엌데기', '그 애'가 일반적이었다.[7] 이름을 부르지 않았다. 만약 식모 이름을 붙여서 주인집 아이가 '봉순이 언니'라고 불렀다면 그것은 그 아이가 선택할 수 있는 순수함의 표현이었다. '식모언니'라고 부르지 않는 것을 고맙게 여겨야 했다. 사실 "누가 식모라고 부르면 얼마나 마음이 아팠는지 모른다."[8] 그래서 《봉순이 언니》에서 봉순이 언니는 다른 식구들과 달리 있다가 없어지고 같이 지내다가 다시 나가고 하는 드나듦이 많았는지도 몰랐다.[9] 사모님의 반지가 없어진 날 집을 나와야 했고, 그럼에도 밥을 같이 먹는 식구라는 이유로 옛정 운운하며 다시 들어갔다. 밥상에 생선 토막이나 올라오는 날에는 서러움이 복받쳤다. 생선가시 바른 살점이 이 입 저 입으로 들어갈 때 '식모언니'에게만은 생선 대가리 하나 돌아오지 않았다.

새벽 5~6시부터는 청소 빨래 밥짓기 심부름 뭐 이루 헤아릴 수 없는 많은 일들을 해야 했다. 세상에서 제일 부러운 일은 아침에 등교하는, 교복을 챙겨 입고 학교에 가는 학생이었다. 학교에 가고 싶었지만 그럴 수 없었다. 때로 맘 좋은 주인어른들을 만나서 야학이라도 다닐 수 있는 경우라면 사정이 퍽 좋은 편에 속했다. 그래서 부뚜막에 앉아서 검정고시 책을 보는 일이 많았는데 보고 또 보아도 도통 알 수 없는 것들이 많았다. 모르는 것이 많았지만 물어볼 데가 없었다. 그리고 부뚜막에 앉아 몰래 책을 보는 것을 '사모님'이 좋아하지 않았다. 식모는 어린 여성이었지만 '학생'이 될 수도 없었고, '숙녀'로 대우받지도 못했다. 잡지 한 권을 두고서도 '격'을 따졌다. "《새여성》을요? 그건 식순이들 보라는 잡지인데 어떻게 숙녀들이?"[10]라고 말하며 '식순이'와 '숙녀'의 경계를 갈랐다. 또 식모와 하녀를 헷갈리는 머리 나쁜

주인을 만나게 되면 '저 년'이라는 험한 말도 들어야 했다.[11]

"식모를 한다면서"라는 뒷엣말은 목 안으로 삼키고서였다. 일도 별로 없대요. 빨래도 기계로 하고 청소도 기계로 한다나요. 안집 여자는 자랑스럽게 대답했다. 처음부터 신임을 얻기는 힘들어. 일단은 다도둑놈으로 보려 하거든. 처음엔 시험을 한다. 우선 "좋은 날씨군요/ 행복한 아침입니다. 나는 절대로 훔치지 않았습니다/ 나는 거짓말쟁이가 아닙니다"라는 말만 할 수 있으면 돼.[12]

사실, 해방 직후 미군을 흔하게 볼 수 있던 시절에 한 '소년'은 미국인 집의 식모를 꿈꿨다. 주인의 눈에 잘 들면 미국으로 유학갈 수 있을지도 모른다는 소문은 '아 엠 탐'을 가르치는 낡고 오래된 교과서보다 훨씬 현실감이 있었다. 미국인 집에 식모살이라도 할라치면 "좋은 날씨네요/ 행복한 아침입니다"라는 간단한 인사말과 함께 "절대로 훔치지 않았습니다/ 나는 거짓말쟁이가 아닙니다"[13]라는 말을 익혀야 했다. 그래서 "홧 아 유 두잉? 아임 리딩 어 북. 홧즈 유어 프렌드 두잉?"이라는 말을 연습하던 한 소년은 "아임 낫 라이어. 아임 어니스트 보이"라는 문장을 몇 달 동안 익혔다. 당시 표현대로라면 실로 '아녀 메치'한 일이었으나 이 아니꼽고 더럽고 메스껍고 치사한 일을 두고 1968년 전후의 일반적인 사회적 감성이라고 지적한 기사도 있었다. 그럼에도 "식모 주제에 웬 참견이야"라는 말보다 더 아더메치하지는 않았다. 이는 식구의 경계가 어디쯤인지 분명히 드러내는 말이었다.

해피엔딩의 주인공이 못 된 철수와 영희

국어책에 나오는 가장 흔하디흔한 이름 철수와 영희. 1960년대 철수와 영희는 그 시대 가장 흔하디흔한 정비소 수리공이었고, 식모였다. 영화 〈초우〉의 이야기이다.[14] 철수의 하루 일당은 70원, 다방 커피값은 50원. 철수와 영희가 직면한 현실이었다. 그럼에도 이들에게도 이른바 로망이라는 게 있었다. 현실에서는 식모이고 정비공이었지만 적어도 연애만큼은 신성일, 엄앵란처럼 하고 싶었다. 그럴싸하게 다방에 가서 커피를 홀짝였으면 했고 거기서 음악소리를 들으며 고개를 끄덕이고도 싶었다. 꽃무늬가 그려진 도자기 홈세트도 가지고 싶었고, 돈까스를 해 먹지 않더라도 양식기가 있었으면 했다. 매일 설거지할 때마다 만져보는 그릇이었지만 내 것으로 가지고 싶었다. 물론 영희는 이런 꿈을 누구에게도 이야기하지 않았다. 만약 그랬다면 당시

해방 이후 처음으로 발간된 《국어》 교과서의 첫 페이지. 철수는 학교에 가고 '영희'는 집에 남아서 바둑이와 노는 것으로 설정되어 있다.

유행했던 말처럼 '아~쭈'라고 놀림 받았을지도 모를 일이다. 그렇지만 그럼에도 '남들'처럼 살고 싶었다. '남들'이란 신문의 절반 이상을 차지하는 그 숱한 헐리우드 영화일지도 몰랐지만 그럼에도 '남들처럼' 살고 싶었다.

교과서에 나오는 철수와 영희처럼 〈초우〉의 철수와 영희는 해피엔딩의 스토리를 꿈꾸었다. 흔하디흔한 게 "행복하게 잘 살았습니다"로 끝나는 이야기가 아닌가. 이들의 연애의 끝은 철수와 영희는 "그 후 행복하게 잘 살았습니다"로 끝나야 했다. 그런데 당시 이 영화를 본 관객들은 영화를 보는 내내 조마조마했다. 행복하지 않을 것만 같은 느낌이 들었기 때문이다. 철수와 영희가 데이트할 때마다 비가 왔는데, 결국 이 비를 피하지 못할 것 같은 느낌이 들었다.

아니나 다를까. 〈초우〉 속 철수와 영희는 《국어》 교과서와 달랐다. 해피엔딩이 아니었다. 철수와 영희는 "행복하게 잘 살았습니다"의 주인공이 되지 못했다. 이유는 간단했다. 영희는 식모였고 철수는 정비공이었기 때문이다. 영희는 교과서 속의 그 영희일 수도 있었지만 실은 식모였고, 철수도 그저 철수이기만 한 것이 아니라 정비공이었다. 1960년대 영화가 구태여 이 영화에서 리얼리티를 챙기려고 했던 사정은 어느 누구도 몰랐다. 식모와 정비공은 러브스토리의 주인공이 될 수 없었다. 철수와 영희는 영화가 끝나가도록 '우리'라고 말하지 못했다. 철수와 영희는 홈세트처럼 묶이지 못했고, 대신 "난 어떡하란 말야"를 외치며 절규했다. 영화 OST였던 "가슴 속에 스며드는 고독이 몸부림칠 때"로 이어지는 패티김의 노래가 절절했다.

영희처럼 식모살이를 했던 영자의 사정도 마찬가지였다. 영자는 식모로 시작해서, 시다와 여차장까지 소녀 잔혹사의 주인공이 될 만했다. 조선작의 소설 《영자의 전성시대》의 이야기이다. 물론 '영자의 전성시대'라는 제목은 다소 아이러니컬했다. 영자는 "오로지 배불리 먹어보기"위해서 서울로 올라온 전락의 주인공이었기 때문이다. 굶기를 밥 먹듯이 하는 시골집이 지긋지긋했다. 그래서 식모살이를 했다. 그런데 생각과는 다르게 부엌살림이 힘든 게 아니라 "밤을 견디는 일"이 만만치 않다는 것을 알게 되었다. "식모를 뭐 제 집 요강단지로 아는지, 이 놈도 올라타고 저 놈도 올라타고." 식모살이를 네 군데나 옮겨 다녔지만 별 다르지 않았다. 주인집 아들이 식모를 집안의 창부로 아는 것인지 분명치 않았지만 어쨌거나 식모의 인권은 그들이 받는 월급보다 못했다.

영자에게는 다섯 명의 동생이 있었다. 굶어죽을 정도의 가난에도 불구하고 인간답게 살려면 공부해야 한다는 것을 알았다. 영자는 동생들을 위해 헌신하기로 맘먹었다. 그래서 서울에 올라와서 식모 일을 했으나 오래 하지 못했다. "식모도 인간이다"라는 말은 끝내 하지 못한 채 그만둘 수밖에 없었다. 이후 시다 일을 했지만 한눈팔지 않고 한 달 일하고 받은 돈으로 외상 밥값을 제하고 나면 딸랑 동전 몇 개만 남았다. 결국, 버스 여차장으로 일했지만 만원버스에 대롱대롱 매달려 가다가 결국 사고가 나서 한 쪽 팔을 잃게 되었다.

식모살이를 네 군데나 옮겨 다니며 살았지만 모두가 그 모양이었노라고 말했다. 대학생들을 하숙 치는 집에도 좀 살아봤는데 배웠다는 사람들이 이건 뭐 더 악마구리 떼 같았노라고 말했다. 그래서 식모살이를 그만둔 것이라고 말했다. 다 팔자소관이겠지만 기왕 이렇게 알몸뚱이로 벌어먹어야 할 줄 진작에 알았더라면 곧바로 이리로 찾아왔지 미쳤다고 여차장은 뛰어들었느냐고 아주 탄식 어린 어조로 말했다. 여차장을 하다가 만원버스에서 떨어져 마침 달려든 삼륜차 앞

바퀴에 팔 한 짝을 바쳤노라고 이제는 신경질도 안 부리고 줄줄 잘도 고백했다.[15]

시골에서 영자와 같이 올라온 춘자 언니가 "창녀들의 창녀들에 의한 창녀들을 위한 오팔팔공화국"으로 직행해 고향집 살림이 조금 나아졌다고 말했을 때 영자는 고개를 들지 못했다. '오팔팔'로 빠지지 않기 위해 버텨왔지만 오팔팔과 식모살이집이 다르지 않다는 사실을 알았기 때문이다. 가난한 시골 처녀가 알몸뚱이로 벌어먹는 것은 마찬가지라는 것을 알게 되었을 때에는 너무 늦었다. 아니, 식모살이에서 '오팔팔'로 곧바로 옮겨갔으면 팔뚝이라도 성했을 것을. '오팔팔'로 가지 않기 위해 여차장을 하다가 만원버스에서 떨어져 삼륜차에 팔한 짝만 잃었다. 영자는 그렇게 생각했다.

영자야 내 동생아 몸 성히 잘 있거라

영자는 서울로 올라와서 식모와 봉제공장 '시다', 그리고 여차장에 이르기까지 가난한 소녀가 겪을 수 있는 잔혹노동을 모두 거쳤다. 그 결과 '외팔'로 남았다. 영자는 두 손을 써서 돈을 벌어야 했는데 외팔이라니, 한 팔만 남은 영자가 할 수 있는 것이라고는 아무것도 없었다. 그렇다고 다시 고향에 내려갈 수도 없다. 영자가 마지막으로 선택한 것은 술집 접대부였다. '영자의 전성시대'는 영자의 노동을 헐값에 구매한 자들이 하는 말이었다. '영자의 전락'이라고 불렀어야 했다. 최인호의 소설 《별들의 고향》의 원제가 '별들의 무덤'이었던 것처럼 말이다.

1970년대 수많은 청년들이 고래고래 악을 써가며 "영자야 내 동생아 몸 성히 성히 잘 있느냐"라고 〈영자 송〉을 불렀던 것은 어찌 보면 당연했다. 몸 성히 성히 잘 있어야만 했다. 그 고생 끝에 외팔로 남은 영자의 몸뚱이를 보는 것은 참으로 괴로웠다. "서울에 있는 이 아빠는 사장님이 아니라서", "군대에 있는 이 오빠는 장교가 아니라서", "서울에 있는 이 언니는 여대생이 아니라서" 한 팔밖에 남지 않은 영자를 어찌할 수는 없었지만 그럼에도 바보 같이 앉아 있는 영자가 못내 마음에 걸렸다. 영자를 걱정하는 아버지는 사장님이 아니라 청소부였고, 그를 걱정하는 오빠는 장교가 아니라 "뺑이 치는 군바리"였으며 서울에 있는 언니는 여대생이 아니라 '청계천 하고도 지하공장서 뺑이 치는 공순이'였기 때문에 영자가 더 걱정되었다.

사실 영자는 한때 '시다'였다. '시다'는 일본어지만 한국어처럼 일상적으로 썼다. '시다바리', '꼬붕'과 비슷한 말이었다. 공장에서 일하는 여직공은 통칭 '공순이'라고 불렀다. "다들 그렇게 부르는데. 공장에 다니는 계집애들이라고 공순이라구 불러요."[16] '시다공'은 한 달 꼬박 벌어도 입에 풀칠하기도 어려운 돈을 받았다. 당연히 적자인생을 면하는 것은 불가능했다. 밥값을 제하고 동전 몇 개를 받았던 영자는 삶을 긍정한다는 일이 말처럼 쉽지도 않을 뿐만 아니라 실은 자신을 속이는 일이라는 생각이 들었다. 허름한 옷을 입고 열심히 일하면 제대로 된 인간대접을 받을 수 있다고 믿지 않았다. '시다의 꿈' 따위는 믿지 않았다. 소녀들의 취직은, 취직과 무직 그 경계에 놓인 것이었다. '봉순이 언니'만 해도 자신이 직접 월급봉투를 쥐어보지는 못했다. 월급의 개념이 아니라 시집갈 때 쓸 밑천을 보태는 일이었으며 월급과 용돈의 중간쯤에서 거래되는 것이었다.

여차장 제도도 비슷했다. 1961년 1만여 명이던 버스안내양이 1971

년 3만 3,000여 명이 넘었다. 학력 제한이 없는 직업, 하루 18시간 근무. 올리버 트위스터가 울고 갈 직업이었다. 피난민 수용소를 방불케 하는 합숙소와 하루 60원짜리 식사, 양장본 책 한 권 가격도 안 되는 2,000원의 월급은 눈 질끈 감고 참았지만 차비를 중간에 삥땅친다는 이유로 몸수색을 강행하는 것을 참을 수 없었다. 그렇게 옷을 거의 발가벗긴 채 몸수색하는 것에 반발해 여차장 100여 명이 새벽에 집단탈출하기도 했다. 1966년 18세 권희진은 "거의 옷을 벗기운 채" 몸수색과 구타를 당한 후 한강 인도교에서 투신자살했다. 이후 각 일간지에서는 '여차장도 인간이다'[17], '여차장의 인권'[18]이라는 기사를 실었다.

그럼에도 소녀들이 무작정 서울로 상경하는 현실이 달라지지는 않았다. 소녀들은 한결같이 일자리로 식모, 여공 등을 희망했다. 당시 이 소녀들의 희망구직 1위는 여공, 2위는 식모였다. 아직 앳된 소녀들의 현실적 선택이었다. "출연료 30만원의 스타"[19]가 있다는 얘기를 잡지에서 봤으나 그것은 너무 먼 현실이었다. "단란한 가족은 식모가, 부강한 국가는 여공이"라는 포스터는 그 어디에도 붙어 있지 않았다.

식모는 단란한 가족에게 필요한 사람이었지만, 어느 누구도 식모를 자랑스러워하지 않았다. 이들이 인형 눈알을 붙이고, 가발 봉제를 했던 사연을 들어보면 좋으련만 어느 누구도 궁금해 하지 않았다. "취직은 무슨 놈의 취직, 망측하게스리 곱게 들어앉았다 시집이나 갈 것이지"[20]라는 말 속에 이미 답이 있었다. 식모, 여공의 이력은 어디에 내놓기에 부끄러운 이력이었다. 하지만 그 이력 안에는 한 소녀를 반 토막 내는 스토리가 숨어 있을지도 몰랐다. 김승옥 소설 〈누이를 이해하기 위하여〉가 그러했다. 서울로 돈 벌러 간 누이가 다시 고향집에 내려왔지만 누이는 반송장의 얼굴을 하고 있었다. 시집갈 돈을 가지고 온 것도 아니었고, 그렇다고 남편감을 데리고 온 것도 아니었다. 서울

올라갈 때와 다를 바 없이 다시 내려왔다. 그리고 누이는 말조차 잃었다. 그래서 고향집 엄마는 내심 마음이 쓰였다. "어떤 곤란을 겪었던가. 무엇이 재미있던가, 남자를 사귀었던가. 그렇다면 어떤 남자였는가"[21]를 누이에게 묻고 싶었다. 여느 부모처럼 기대했다. 그러나 기대와는 다르게 소녀의 얼굴에서 흔하게 보일 법한 복사꽃 같은 환한 표정이 나타나지 않았다. 무슨 일이 있었는지, 왜 말을 잃은 채 반송장으로 그저 그렇게 주저앉아 있는지 말해주었으면 했다. 그것이 '절망' 때문이라는 것은 알지 못했다.

불란서
시집 읽는
소녀를 허하라

'불란서 시집을 읽는 소녀'라. 언뜻 보면 멋있어 보이기도 하고, 또 어찌 보면 낯간지러운 얘기 같기도 하다. 1960년대 '불란서'는 세계지도 한켠에 있는 '프랑스'가 아니었다. 프랑스와 불란서는 같은 나라였지만, 불란서는 그 단어에 문학적인 아우라가 단단히 붙어 있었다. 앙드레 지드에서 프랑수와즈 사강에 이르기까지 '불란서'는 문학이자 예술을 대신하는 이름이었다. 불란서에 가면, 아니 파리에 가면 몽마르트르 언덕과 고흐가 있고, 헤밍웨이가 있고, 지드가 있을 터였다. 대학가 앞 실개천이 '세느 강'으로, 그 위 다리를 '미라보 다리'로, 천변의 술집을 '세느 주점'으로 삼아 아폴리네르의 시 〈미라보 다리〉를 암송하는 게 즐거웠다.[22]

김승옥, 최하림, 김치수와 김현 등 문학을 한다는 축들이 불문과 출신이라는 사실이 이상하지도 괴이하지도 않았다. 예술가촌을 설명하고 싶을 때 '파리식 예술가촌'이라고 말하면 좀 더 분명해지는 게 있었다.[23] 문학에 관한 관심은 그렇게 불란서와 몽마르트르라는 이름으로 대체될 수 있었다. 그러니 불란서 시집을 읽는 것은 문학에 관심 있는 사람이라면 누구나 다 한 번쯤 입에 달고 살았다. 굳이 소녀만이 아니었다.

혁명의 걸림돌 '고운 손'

그런데 1963년 《국가와 혁명과 나》라는 책에서 '불란서 시집을 읽는 소녀'가 언급됐다. '국가'와 '혁명' 등이 들어가는 어마어마한 책에 '불

당시 불란서 시인이라고 하면 아폴리네르 등을 떠올렸는데, 독일의 하이네와 릴케의 시도 많이 읽혔다. 사진은 1950~1960년대 출판된 외국 시인들의 작품집(《불란서시집》은 1954년, 《하이네 시집》은 1956년, 그리고 《아뽈리네에르 시집》은 1961년 각각 출판되었다).

란서 시집을 읽는 소녀' 운운하는 내용이 들어간 것. 처음에는 누구도 믿지 않았다. '국가'와 '혁명'을 언급하는 글에 아무 상관도 없을 법한 '불란서 시집', 뿐만 아니라 '문학소녀' 운운하는 얘기가 왜 끼는지 조금 낯설었다. '국가'와 '혁명'을 나란히 놓은 뒤 그 옆에 '나'라고 붙이는 호연지기에 감탄하는 일로 벅찰 사이도 없이, 그렇게 '혁명'이 낳은 평등의 감각이 '국가'와 '혁명'과 '나'를 이렇게 대등하게 놓는 것인지 의심할 사이도 없이 '소녀'가 그 옆을 채웠다.

올바른 역사적 방향으로 향하여 나아가는 일이다. 굶고 빚을 져가면서도 사치와 호화에 자유를 구가하려는 머리를 돌려야 하는 일이다.

공장의 굴뚝이 하품을 하여도, 국회의원이 되고 싶어 하는 마음을 씻을 일이다. 애인만 만나면 택시를 타야 하고 값비싼 식당에 들어가야 한다는 허식을 일체 털어버려야 하는 일이다. 소를 팔아도 대학을 다녀야 한다는 학구열의 탈선을 삼가는 일이다.

땀을 흘려야! / 돌아가는 기계 소리를 / 노래로 듣고……이등 객차에 / 불란서 시집을 읽는 / 소녀야 / 나는, 고운 / 네 / 손이 밉더라.

우리는 일을 하여야 한다. 고운 손으로는 살 수 없다. 고운 손아, 너로 말미암아 우리는 그만큼 못살게 되었고, 빼앗기고 살아왔다. 소녀의 손이 고운 것은 미울 리 없겠지만 전체 국민의 1% 내외의 저 특권 지배층의 손을 보았는가. 고운 손은 우리의 적이다. 보드라운 손결이 얼마나 우리의 마음을 할퀴고, 살을 앗아간 것인가. 우리는 이제 그러한 정객에 대하여 증오의 탄환을 발사하여 주자. 영원히 그들이 우리를 부리는 기회를 다시는 주지 말자. 이러한 자각, 이러한 결의, 이러한 실천이 있는 곳에 비로소 경제도 재건되고 정치도 정화되고 문화도 발전되고, 사회도 건전하고, 종교도 승화되는 것이다. 이것 없이 우리에게는 기적도 발전도 바랄 수 없는 것이 아니겠는가. '피와 땀과 눈물을 흘리자' 기름으로 밝히는 등은 오래가지 못한다. '피'와 '땀'과 '눈물'로 밝히는 등만이 우리 민족의 시계를 올바르게 밝혀줄 수 있는 것이다.[24]

박정희는 1963년 대통령 선거를 앞두고 《국가와 혁명과 나》라는 책을 펴냈다. 그 내용인즉슨 국가의 앞날을 위해 혁명이 필요하며 그 주인공이 바로 자신이라는 말이었다. 선거용 책자에서 나올 법한 얘기였다.

이 책은 대한민국이 "올바른 역사적 방향으로 향하여" 나아가야 하는데 현실이 그렇지 못하다고 걱정했다. 누구라도 나라 걱정을 하지 않는 이가 없던 시절이었으니 대개는 넓은 마음으로 이해했다. 그런데 그 내용이 조금 의아했다. '국가'와 '혁명'을 이야기하는 자리에서 연인들의 데이트 얘기를 시시콜콜 이야기하는 것도 그렇거니와 부모들의 교육열을 '탈선'으로 몰아가는 것도 납득하기 어려웠다. 소가 아니라 집까지 잃는다 해도 공부해야 인간대접을 받을 수 있는 세상이라고 믿었다. 그런 부모의 마음을 알아달라는 게 아니라 그런 상황에 대한 이해가 필요했다. 그럼에도 '소를 팔아도 대학을 다녀야 한다는 학구열'을 '탈선'이라고 했다.

그런데 바로 그 시점에 '소녀'가 등장하더니 이 모든 문제의 원인인 양 얘기했다. 일해야 한다는 주장에 설득력을 더하기 위해 일하지 않는 사람들의 비유를 들었는데 그 비유가 '고운 손'이었고, 이 '고운 손'이 '소녀의 손'으로 연결되면서 '전체 국민의 1% 내외의 특권지배층'을 '소녀'로 치환했다. 그래서 전체 국민의 1% 내외의 서 특권 지배층의 손이 소녀의 '고운 손'과 오버랩 되었다. 이 불안한 비유는 아슬아슬하게 백척간두의 지점에서 시가 되기 위해 용을 썼다. "땀을 흘려라"라는 절절한 외침으로 간절하게 부르짖더니 "돌아가는 기계 소리"라는 훈훈한 풍경으로 운을 떼자마자, "이등 객차에/ 불란서 시집을 읽는/ 소녀야/ 나는, 고운/ 네/ 손이 밉더라"라는 말로 마감했다.

분명히 "네 손이 밉다"고 했다. 그리고 "고운 손아. 너로 말미암아 우리는 그만큼 못살게 되었고, 빼앗기고 살아왔다"라고도 했다. 민족적 가난과 현재적 불행을 '소녀'에게 돌리는 이 놀라운 논리적 비약이 시적 허용인 양 말해졌다. 그 결과 '소녀의 고운 손'은 민족적 가난의 원흉인 '특권계급의 손'과 같은 말이 되었다. '불란서 시집을 읽는' 자

1963년 발간된《국가와 혁명과 나》(사진 위).
8장 〈우리는 무엇을 어떻게 할 것인가〉에서 '불란서 시집을 읽는 소녀'를 진한 고딕체로 표기하며
"나는 고운 네 손이 밉더라"라고 쓰고 있다.

는 일차적으로 '문학소녀'이지만, 실은 노동하지 않은 자의 손인 동시에 이차적으로는 '소를 팔아도 대학에 다녀야 한다'고 믿는 학구열이 높은 청년 전체를 그 지탄 대상으로 했다.[25] 그래서 결과적으로 '특권층의 사치와 호화로움'이 소를 팔아서라도 대학에 다녀야 한다는 대학생의 허세와 등가화했다.

이는 뒤집기 한 판의 게임이었다. 외국/자국(민족), 사치/절약, 책/노동, 소녀/(노동)청년 등의 이분법을 가동시키는 뒤집기 게임. 이 글

의 효과는 분명했다. 당시 시민들이 분노하는 지점, 이를테면 특권층의 호화로움이 지닌 '노동하지 않는' 것의 의미를 '책 읽는 청년'의 '정신적 행위'와 겹쳐 놓은 뒤, '책 읽는 자'의 '책'을 '서양'으로 한정하는 것에서 더 나아가 이를 실존주의 담론의 근거지인 '불란서'라는 기호로 가공해서 '불란서 시집을 읽는 소녀'로 봉합해버렸다. 이 과정에서 '불란서 시집을 읽는 소녀'는 민족의 현실을 외면한 채 서구주의에 정신을 파는 자, 노동하지 않은 채 허황한 시집이나 읽는 자, 다시 말해 국가의 적폐로 등극했다.

땀 흘리지 않는 특권층으로 가공

국가와 혁명을 논하는 자리에서 '소녀'를 얘기하는 것은 얄팍하게 계산된 화술이었다. 대중들이 분노하는 지점인 비리와 부정을 일삼는 특권층에 대한 공분을 노동하지 않는 청년으로 돌리는 글이기 때문이다. 국가와 혁명을 논하기 앞서 가장 불편한 존재인 4·19혁명 주체로 부각된 공부하는 '대학생'을, 지나친 학구열로 국가의 발전을 가로막는 자이자, 허황한 서양 문물에 부화뇌동하는 '고운 손'의 소녀로 얘기하는 담론이기도 했다.

'불란서 시집을 읽는 소녀'는 4·19 이후 공론장의 아젠다로 부각된 '근대화'와 '민족주의'를 누가 어떻게 가져갈 것인가에 대한 답변이었다.[26] 공분의 대상인 '특권층'에 대한 함의를 '노동하지 않는' 것으로 부각해내는 것과 동시에 불란서 시집을 읽는 자의 손을 '고운 손'으로 묘사함으로써 결과적으로 책을 읽는 자 전체를 노동하지 않는 자로 등치시켜냈다. 이 비유는 4·19의 역사적 무게를 덜어내는 데 효과적이었다. 4·19와 5·16의 차이를 '대학생'과 '(노동)청년'으로 대립시켜 내었을 뿐만 아니라 '불란서'가 지시하는 실존주의적 지향과 역동, '시집'이 담아내는 교양주의의 숨결, 그리고 '소녀'의 기호 이면에 놓인 한글세대의 독자들까지도 제거하기 때문이다.[27]

4·19혁명 이후 민주주의의 열기를 뿜어내는 대학생과 청년들에게 누가 역사의 주체인가 묻고 답한 셈이다. '불란서 시집을 읽는 소녀'는 신의 한 수였다. 이 국가에 필요한 것이 피와 땀과 눈물이라는 얘기 속에서 '하품하는 공장의 굴뚝'을 움직이는 노동하는 청년의 이미지를 끌어내었으며, 그 반대에 놓인 이가 바로 '고운 손'으로 표상된 소녀라는 것을 응축시켜냈기 때문이다. 그런데 흥미롭게도 당시 '노동하지 않는' 존재를 상징적으로 드러내기 위해 '책 읽는 소녀'와 '불란서 시집'을 결합시켜낸 것이었다. 그 결과 '불란서 시집'은 대한민국을 위협하는 반국가적 서적으로 거듭났으며 '책 읽는 소녀' 역시 허황된 존재로 가공되었다.

왜 어른들은 서로 물고 뜯고 싸우는지 소녀는 알 수 없다. 소녀는 어른들의 추악한 싸움의 원인이 무엇인지 모르는 것이다. 알면 큰일이다. 알려고 애써서는 안 된다. 생존경쟁이니 약육강식이니 하는 말을 배울 필요가 없다. 결국 나중에 그러한 말의 뜻을 알고야 말 날이 올 텐데 무엇 때문에 미리 알려고 하겠는가. 너무 아는 것은 탈이다. ……어느 날엔가 진달래 밭에서 어른들의 싸움이 벌어졌다. 시시한 싸움이다. 몇 마디 오고간 것이 주먹싸움으로 변하고 주먹싸움은 유혈로 발전한다. 이 얼마나 대조적인 빛깔의 대조이랴! 분홍 진달래 빛과 입이 터져 흐르는 쓸모없는 인간의 핏빛—얼굴에 마구 묻은 피, 그것은 인류를 타락시킨 오욕의 피인 것이다. ……나는 갑자기 의분에 불타는 기사가 된다. 소녀는 내 속된 마음을 씻어주었던 것이다. 나는 영원히 소녀의 곁을 떠나지 말아야 한다. 일체의 악에서 소녀를 구하고 보호하기 위해서 이제 무릎을 꿇고 서투른, 그러나 심장에서 우러나오는 기도를 나는 올려야겠다.[28]

성성한 나무로 서 있을 때 윤기 있는 잎이 반짝일 때 비로소 여자는 아름다운 것입니다. 그리고 여자의 사명을 다하게 되는 것이 아닌가 합니다. 이와 같은 성성함, 이와 같은 윤기를 어디서 구해야만 하겠습니까, 그리고 어떻게 내 몸에 가져와야 하겠습니까. 나는 그것을 끊임없는 독서를 통해서만 가능하다고 생각합니다. 그러나 세월이 조금만 흐르면 슬프게도 여학생 시절에 꿈 많던 문학소녀는 어느덧 자취를 감추고 현실생활에만 밝은 아주머니가 되어버리는 예를 우리들 주위에서는 흔히 볼 수 있습니다. "죽을 틈도 없는데, 책을 읽을 사이가 어디 있어", "밤을 새우다시피 읽었지만 지금 남아 있는 것은 아무것도 없어. 결국 읽으나마나지." 눈이 어두워진 사람들에게 무슨 말을 할 수 있을까요.[29]

1965년 《여학생》 잡지가 재창간 되는데 이 사리에서 언세대 영문과 교수 오화섭은 '소녀'에 대해 '어른들의 추악한 싸움의 원인이 무엇인지 모르는 존재'라고 말했다. 또 알아서도 안 되고 알려고 애써서도 안 된다고 한다. '소녀'들은 몰라야 되는 것이 많았는데 이를테면 '생존경쟁'이니 '약육강식'이니 하는 말을 모르는 존재여야 한다고 했다. "너무 아는 것은 탈"이라고도 했다. 현실에서 봄직한 일반적 소녀에 대해 이야기하는 것이 아니라 '소녀'에 대한 특별한 환상을 이야기했다.

"난 몰라요"를 외치는 소녀

'불란서 시집을 읽는 소녀'는 혐오스러웠고, '아무것도 모르는 소녀'는 신비로웠다. 그러나 이 두 가지는 다르지 않았다. 혐오/신비는 '소녀'가 주변부 존재이자 객체화되는 과정과 맞물려 있었다. 분명한 것은 '소녀'가 '(남성)어른'들의 세계에 속하지 않는 존재라는 사실이었다. '어른/남성'이 국가의 주체라는 사실을 말하기 위해, '소녀'는 '대학생'과 '소년', '여성'과 '문학'을 짊어진 채 희생양이 되었다. 소녀들은 어른들의 세계와 다른 신비의 세계 속에서 아무것도 모르는 존재, 말하지 않는 존재, 다시 말해 의견 없는 존재로 거듭났다. "난 아무것도 몰라요" 이면에서 여성/아이/학생이 지워지고 있었다. '국가'와 '근대화'를 외치기 위해 문학소녀가 공공의 적으로 거듭났다.

1960년대 소녀는 이상하리만치 얌전해지고 소녀다워졌다. 아프레걸의 흔적을 모두 벗어버린 "난 몰라요"를 말하는 존재, 1950년대까지만 하더라도 소녀는 이렇게까지 비현실적이지 않았다. 그런데 1965년 《여학생》 잡지 속에 그려진 '소녀'는 눈동자 안에 별이 그려진 일본 만화 속 주인공을 연상시켰다. 인형 같은 여성들이 '소녀'의 전형인 양 제시되기 시작했다. 현실성이라고는 눈곱만치도 없는 인형, 그 인형들이 내뱉는 '문학'은 이발소에 붙어 있는 명화처럼 달달하고 뻔했다. 왠지 슬프고 왠지 기쁜, 맥락이 사라진 이야기는 문학이 아니라 문학적 클리셰일 뿐이었다. 그럼에도 '문학'처럼 이야기되었다. 이 과정에서 '문학소녀'는 '시몬의 낙엽 밟는 소리'나 외울 것 같은 허황한 인물로 등극했다. "시몬 너는 좋으냐"를 맥락 없이 아무 때나 쓰는 것과 비슷했다. 그러나 분명한 것은 '문학소녀'의 유치한 내면이 이런 문학을 야기한 것이 아니라는 사실이다. '문학소녀'가 감상적이어서 낙엽이나 플라타너스 운운하는 시를 시도 때도 없이 이야기하는 하는 게 아니라 그런 소녀를 '문학소녀'인 양 재현하는 담론이 번성한 것이다. 당시 국민학교 교사로 일하고 있던 이오덕은 이와 관련해서 다른 이유를 지목한다. 학생들이 억지 기교를 부리게 된 이유가 다른 데 있다고 분석한다. 문학이 너무 달달해진 이유가 다른 데 있는 게 아니라 문학이 삶과 분리되어서 그렇다고 했다. 그리고 이런 분위기를 교육제도가 조장하고 있다고 얘기했다.

1964년 6월 6일 토요일
  예상한 대로 출제는 엉터리였다. 산문 제목은 비 오는 날, 감나무, 밀가루, 반장 등이고 운문은 굴뚝, 노을, 바람, 메아리, 손들이었다. 한낮인데 어찌 노을이란 제목으로 아이들이 글을 쓸 것이며 비 오는 날도 아닌데도 어찌 비 오는 날이란 제목으로 글을 쓸 것인가.[30]

1971. 10. 7
고전경시대회가 있고 감상문 쓰기가 있는데 두어 달 전부터 공문이 아마 여남은 차례나 왔을 것이다. 선생들은 이 행사에 처음부터 소 귀에 경 읽기다. 이런데다가 그 고전이란 것을 알고 보니 번역한 글도 엉터리일뿐더러 내용이 아이들 심리에 맞지 않는 것이어서 영 아이들이 읽지 않으려 하는 모양이다. 논어니 성서니 삼국유사니 하는 따위를 국민학생들에게 읽히려고 하니 그렇다. 아이들이 읽어도 생억지로 읽는 모양이다. 심지어 어쩌다가 책을 사놓은 아이도 좀 읽다가 그만둔 아이가 대부분이다. 지도하는 선생님들은 하도 교육청에서 공문이 자주 오고 이번에는 아이들이 쓴 감상문을 전부 다 내도록 해 놓으니 시간 중에 몇 장이라도 읽어주어서 감상문을 쓰게 하지 않

을 수 없다.[31]

이를테면 백일장 대회가 열렸다고 치자. 날은 좋고 바람은 선선한데, 백일장 글감으로 '비 오는 날'이 정해졌다면 학생들은 자신의 느낌과 무관한 글을 쓸 수밖에 없을 것이다. 학생들이 눈으로 보고 있는 것은 6월의 뜨거운 햇빛이나 시원한 바람, 그리고 한창 푸르게 뻗어나가는 나뭇가지인데, 학생들에게 지금 발 딛고 있는 현실과 무관한 것을 상상하고 쓰라고 하면 학생들은 당연히 허황한 얘기를 쓸 수밖에 없다. 독후감 경시대회도 다르지 않다. 자유교양이니 고전경시대회니 하는 대회들이 자주 열리는데, 학생들에게 해당 도서를 읽히는 것은 한마디로 '소 귀에 경 읽기'이다. 교육청에서 공문이 자주 와서 학생들을 독려하기는 하지만 국민학생들에게 논어니 성서니 삼국유사를 읽으라고 하니 '생억지'로 읽고 독후감을 쓴다는 것이다.[32] '문학적인 것'과 '글 같은' 것이 풍미하는 이유는 학생들의 생각과 감정을 존중하지 않는 제도와 관련되어 있다는 지적이다.

'문학'과 '문학적인' 것이 점점 헷갈리는 세상이었다. '불란서 시집'이 '공공의 적'으로 둔갑한 것도 이상한 일이지만 국민학교 학생들에게 논어와 성서를 읽히는 것도 괴이한 일이었다. 이 과정에서 '문학적인 것'이 인기가 높아지고 있었다. 소설이란 모름지기 아기자기한 사랑 이야기가 주가 되어야 한다고 이야기하는 사람들이 많았다.[33] 사실 그런 문학이 인기가 좋았다. '문학적인 클리셰'가 '문학'의 옷을 입었다. 그것은 문학은 아니었지만 문학만큼 대단했다. '문학소녀'는 '문학적인 것'을 떠안으며 혐오스러워지는 가운데 "나는 몰라요"의 수줍은 소녀는 진짜 소녀처럼 소녀의 옷을 입고 문학의 중심으로 들어갔다.

완구점 앞에
서 있는
소녀

완구점 앞에 소녀들이 서 있다. 날이 저문 지 이미 오래되었다. 완구점 불빛이 환하게 켜진 뒤에도 꿈쩍도 하지 않은 채 오랫동안 그 자리에 우두커니 서 있은 지 몇 날 며칠. 사실 이 소녀들은 완구점에 드나들 나이가 아니다. 한 명은 중학생이었고 또 한 명은 스무 살 남짓한 처녀였다. 그중 스무 살 정도 나이를 먹은 여성은 침팬지 인형을 곧잘 뚫어져라 쳐다보는 게 일이었다.[34] 일본산 침팬지 인형은 아기자기한 인형과는 좀 다른, 태엽을 감으면 한 손에 위스키 병을 든 채로 춤을 추는 인형이다. 또 다른 소녀는 오뚝이 인형을 보며 서 있다.[35] 이제 겨우 중학생이 된 소녀다. 이 소녀도 완구점 앞에 곧잘 서 있었다. 소녀는 이 가게에서 오뚝이 인형만 산다. 소녀의 방안에는 오뚝이 인형이 가지런하게 놓여 있다. 이 소녀도 매일 완구점을 떠나지 못했다.

다른 이들과 달리 이 소녀들이 유독 오타쿠 기질이 있었기 때문이 아니다. 이미 장난감을 가지고 놀 나이도 아니었고, 엄밀히 말하자면 여공이나 차장이나 식모로 일할 나이라고 볼 수도 있었지만, 어쩌면 식모언니를 그냥 "봉순이 언니"라고 불렀음직한 그런 평범한 여학생들이었지만 '여자'로 커나가는 게 못내 두려웠던 사정이 있었다. 누군가 밤늦도록 인형을 보며 서 있는 이들을 발견했더라면 '여학생'이라고 불렀을 수도 있고, '말만한 처녀'가 늦게까지 돌아다닌다고 한 소리했을 수도 있다. 하지만 왜 그들이 그렇게 오랫동안 서 있는지 물어보지는 않았다.

하이킹 가는 틴에이저와 하이틴

때는 바야흐로 '선데이 서울'이었다. 일요일만 되면 교외로 나들이 나가는 축들이 생겼다. 선데이 서울만큼 화창한 말이 또 있었으니 '틴에이저'와 '하이틴'이라는 말이 바로 그러했다. 실은 그게 그거인 말이었지만, 실은 조금 달랐다. 하이틴과 틴에이저는 주말이면 하이킹을 가고, 해변에 앉아 모래성을 쌓은 채 '모닥불 피워 놓고' 연가를 불러대는 소년소녀에 가까웠다. 물론 이들을 '소년소녀'라고 부르는 것은 '국어의 어색함'[36]으로 '틴에이저'의 세련미를 해치는 언어였다. 이를 한국적 어감으로 번역한 말이 '얄개'였다. 학생이나 청소년이라는 말은 이미 너무 현실적이어서 로망이 빠진 듯한 말처럼 들렸다.

　'연애편지'도 '러브레터'라고 해야 맛이 났다. '여가'는 '레저'라고 불렀고 여름휴가를 바캉스라고 말하기 시작했다. 레저산업이 들어오고

1956년 창간된 대중잡지 《명랑》의 1965년 8월호 표지. 《명랑》은 《선데이 서울》이 발간되기 직전까지 통속적이고 선정적인 방식으로 7S(sex, story, screen, star, sports, studio, stage)를 내세워 인기를 모았다.

있다고 했다. 웬 레저, 라고 묻는 일은 촌스러웠다. 서양소설도 아닌 한국소설에서 벽난로를 페치카라고 하고, 배낭을 륙색이라고 했다.[37] '선데이 서울'에 걸맞은 이야기로 그럴싸하게 분위기를 타고 있었다. 하이틴과 틴에이저가 하이킹 하러 나가는 일상이 도래하고 있는 것, 이는 '문학적인 것'이 '문학'을 대체하는 것만큼이나 '명랑'했다. '명랑'하다는 것은 소비가 미덕인 사회로 유혹하는 것이었고 007시리즈가 손님들을 독점하는 것이었으며 시인과 소설가의 글이 기껏해야 잔소리 정도의 비루한 이야기 정도로 취급되는 일상이었다.

'명랑'하다는 것은 좋은 것일지도 몰랐다. 국민적 '명랑'의 재료로 007시리즈와 국민스포츠 그리고 외설적인 잡지가 쓰였다. '명랑'은 참으로 맹랑하게 자주 소환되었다.

두 가지 이상한 현상이 일어나고 있었다. 갑자기 등산 붐이 일어나고 해수욕장이 붐비고 고궁과 교외 놀이터가 인파로 들어찼다. 극장들은 007시리즈와 그 아류들이 손님을 독점했고, 이웃 섬나라의 번안물 같은 외설스런 잡지들이 바야흐로 민중을 소비가 미덕인 사회로 유혹하고 있었다. 때를 같이하여 곳곳에는 단속을 받지 않는 사창가가 번창일로에 있었다. 강력한 국가재정의 뒷받침을 받는 스포츠계는 국내외에서 자주 기염을 토했고 그때마다 국민은 흥분하고 열광했다. 그러나 그런 것에 대한 나의 연상은 불행히도 상서롭지가 못했다. 한편 문필가들의 관심과 발상은 자꾸만 핵심을 우회하고 있었다. 여러 가지 이유가 있을 터였다. 어떤 말로도 그들을 진실로 감격시킬 수 없었다. 풍요한 사회에 몸을 담을 욕심에 취하고 영화에서 라디오에서 상류사회의 현란한 생활을 만끽한 시민은 위인들의 깐깐하고 비루한 잔소리 따위는 거들떠보려고도 하지 않았다. 왜소한 사고를 동

정하려 하지도 않았다. 아무도 글을 쓰려고 하지 않았다. 누구나 조율만을 일삼았다.[38]

소비가 미덕인 사회였으나 소비할 돈이 있는 사람들은 많지 않았다. 유행어는 때때로 리얼리티가 있었다. 이를테면 1965년경부터 "좋아하네"와 "누군 왕년에"라는 말이 유행했다. 누군가 "재건이 필요해"라고 말할 때 또 다른 누군가는 "재건 좋아하네"라고 받아쳤다. 일종의 비아냥이자 조롱이었다. "좋아하네"와 더불어 "누군 왕년에"라는 말도 유행했다. "누군 왕년에 연애 못해 본 사람 있나", "누군 왕년에 큰소리 안 쳐본 사람이 있나", 뭐 이런 식으로 말하곤 했다. 지금은 별 볼일 없지만 한때 잘 나간 적이 있었다는 말이었다. 왕년이 있었는지 혹은 없었는지 그게 중요하지 않았다. 적어도 지금보다는 더 나은 시절이 있었다고 말하는 것이 중요했다.

신문에서는 이런 농담에서 냉소와 자학의 냄새가 난다고 했다. 신악이 구악을 갈아치우며 업데이트 되는 세상에서 유행어 또한 민민치 않았다. '가짜'를 '사쿠라'라고 했는데 '사쿠라 세상'이라고 해도 그리 틀린 말은 아녀 듯했다. 사람들은 그렇게 생각했다. 그렇다고 완구점 앞에 있던 소녀들이 "소녀 좋아하네" 뭐 그런 말을 하지는 않았다. 아직도 영화관에서는 몸을 반쯤 비틀며 "난 몰라요" 하는 소녀들이 인기가 높았다. 또 그런 여학생들은 사랑을 '러브'라고 했고 연애편지를 '러브레터'라고 했다.

완구점 앞에 서 있는 소녀들은 그러니까 하이틴이 될 수 없는 소녀이지만, 그럼에도 청소년으로 묶일 수도 없는 여성이었다. 이들은 남동생이나 오빠처럼 《학원》 잡지를 읽었고, 《소공녀》와 《키다리 아저씨》를 읽으면서 여성의 삶에 대해 생각했다. 《키다리 아저씨》 속의 주

1960년대 소녀들이 애독했던 소설은《소공녀》,《키다리 아저씨》등이 대표적이었다.
사진은 1965년 삼중당에서 발간된 빨간 표지의 《키다리 아저씨》.

디에게 키다리 아저씨는 연정의 대상이기도 했지만 도달해야 할 성장의 지점이기도 했다.

또 《제인 에어》와 《생의 한가운데》를 많이 읽었다. 제인 에어는 "여성도 남성과 똑같은 감정이 있으며, 남성과 마찬가지로 자신의 재능을 살려야 하고, 보람 있는 일터를 찾아야 한다"고 말했다. 남들이 보기에는 키가 작고 안색이 창백한 여자, 예쁘지 않은 여자였지만 제인 에어는 자신이 생각하고 느낀 대로 생각했고 움직였다. 이런 책들을 보면서 소녀들은 정신적 고아를 자처했다. "내가 의붓자식이기를, 그래서 맘대로 나가버릴 수 있기를 바랐는지 몰랐다"[39]고 고백했다. 책 속의 소녀들이 고아인 것은 어찌 보면 당연했다.

소녀들은 이런 책이 좋았다. 때때로 난폭하고 이해할 수 없는 행동을 할 때도 있었으나 그럴수록 더 생생하다고 느꼈다. 이를테면 여대생 작가로 이름을 떨친 정연희의 소설 《목마른 나무들》에서 여자 주인공은 연신 "나는 목마르다"고 말했다. 그래서 누군가 "무엇이 우리 주연 씨를 이토록 난폭하게 만들었을까"[40]라고 물었는데 이때 주인공 주연의 답변은 간단했다. "자기를 내던지는 중"이라고. 다른 말로 하면 예쁘장한 여대생 모습을 내던지고 있다는 얘기이거나 남들이 바라는 자신의 모습이 가짜라고 느끼면서 벗어던지고 있다는 고백이었다. 이 모습은 헤르만 헷세의 《황야의 이리》에 등장하는 할러와 다르지 않을 정도로 난폭하게 보였다. 또 "나는 왜 늘 고통을 당해야 할까. 나는 왜 모든 사람에게 유쾌한 기분을 줄 수 없을까"라고 말하며 고통을 얘기했던 제인 에어의 말과 비슷하게 소녀들의 마음을 흔들었다. 소녀들은 대한민국 사회 안에서 통용되는 '소녀'라는 말에 깃든 함의를 거부하고 싶었다.

소녀, 좋아하네

그럼에도 아무것도 모른다고 말하는 소녀 표상이 대중문화 안에 파고들었다. 최인호의 소설 《별들의 고향》도 그러했다. "난 그런 거 몰라요. 아무것도 몰라요. 괜히 겁이 나네요. 난 정말 몰라요. 들어보긴 했어요. 가슴이 떨려오네요. 나는 지금 어려요"라는 OST로 유명한 《별들의 고향》, 그리고 '경아'. 경아는 시도 때도 없이 "아무것도 몰라요" 했다. 경아는 스물두 살이었지만 '소녀'로 재현되었다. 키 155cm, 몸무게 44kg. 입술에서조차 "젖을 먹고 잠든 아기의 입에서처럼 엷은 밀 익는 냄새가 났다"[41]고 했으니 아무래도 스물두 살 처녀를 어른으로 봐주기는 어려운 모양이었나 보다. 천진하게 예쁜 경아는 노래를 불러도 '퐁당퐁당' 같은 것을 부르며 어린애처럼 깔깔 웃어댈 뿐 아니라 아주 대놓고 "난 그런 거 몰라요, 아무것도 몰라요"라고 하니 도대체 무엇을 몰라야 하는지 그게 더 궁금했다. 여하튼 이래저래 이러저러한 소녀들은 대개 깔깔 웃으며 아무 말 없이 수줍어하는 그런 소녀처럼 굴었다. 그래야 소녀 아닌가. 오화섭 교수의 '소녀론'이 많은 이들의 마음과 통한 건지 어쩐 건지 1960~70년대 소녀들은 지나치게 '소녀'다웠다.[42]

《별들의 고향》만이 아니었다. 《별들의 고향》만큼이나 대중소설로서의 주가를 단단히 올렸던 조해일의 소설 《겨울여자》 역시나 하얀 얼굴의 소녀 '이화'를 아무것도 모르는 소녀로 그려내었다. 서울내기였지만 깍쟁이처럼 굴지 않아 여주인공으로 낙점되었고 남성의 시선과 언어 속에서 마땅한 여자로 성장했다. 경아가 "난 정말 이상한 소녀예요"라고 말하며 죽어갈 때 이화는 "알고 싶어요"라고 말하면서 좀 '아는' 여자로 변신하고 있었다. 이런 소녀들이 진짜 소녀처럼 보였다.[43] 소녀가 소녀다워지는 길, 여자가 여자다워지는 길에 대해 남녀를 불문하고 얘기했다.

귀하는 오늘 조금 늦게 출발하신 것 같았습니다. 대문을 나서자마자 버스 정류장을 향해 달리기 시작했는데 두 발이 마치 한 쌍의 흰나비처럼 내겐 보였습니다. 흰 양말 때문만은 절대로 아니라고 생각했습니다. 가방은 여전히 오른손에 쥐셨더군요. 그리고 한 번도 옮겨 쥐지 않더군요 귀하가 자기 자신과의 약속을 철두철미 지키는 사람이라는 내 추측이 그다지 어긋나지 않았음에 나는 안심했습니다. …… 버스는 여전히 만원이었고 귀하는 마치 화물처럼 다루어지면서 그 안에 태워졌습니다. 귀하와 같이 아름다운 소녀가 그와 같은 취급을 당하는 건 나로서는 정말 견디기 어려웠습니다. 나는 그 순간 장차 교통부장관이 되지 않으면 안 되겠다고 결심하였습니다.[44]

도처에 넘쳐흐르는 헐리우드식 사랑, 그럼에도 몸뻬 바지를 입고 억척스럽게 살아내야 하는 일상, 그리고 여공과 식모로 전전하며 소녀 잔혹사를 재현하던 이 시기에 "나는 몰라요"로 일관하는 소녀는 비현실적이었다.

그러므로 소녀들이 단지 어린 시절 장난감을 가지고 놀지 못해 아직도 완구점 앞에 서 있다고 생각하면 오산이다. 스무 살 남짓 처녀가 서울 한복판 길거리에서 술 마시는 침팬지를 바라보고 있고, 중학생 소녀는 완구점 불이 꺼질 때까지 그 가게 앞에 서 있었던 사정은 실은 하루키 식 표현대로라면 "내가 지금 어디에 있지"라고 묻는 것과 다르지 않았다. 어디에 있는지 어디로 가는지 알지 못하기 때문에 그대로 머물러 있는 것, 다시 말해 '여성'이 되는 것이 두려웠던 것이다. 아니 1960년대 '여성적인 삶'을 살아내는 것이 공포스러웠기 때문이다.

이를테면 한국전쟁 이후 중국인 거리에 살고 있는 한 소녀가 있다고 하자. 나이는 열두 살, 초경을 앞두고 있는 '여성'의 삶에 진입해야 하는 소녀, 그 소녀가 목도하는 여성의 삶이란 참으로 비루하고 비천했다. 이 소녀는 엄마, 할머니, 매기 언니의 삶을 관찰했는데 어느 누구의 삶도 자신의 롤 모델로 삼고 싶지 않았다. 우선, 이웃집 매기 언니처럼 살고 싶지 않았다. 친구 치옥은 "커서 양갈보가 될 거야"라고 말했지만 소녀는 그렇게 생각하지 않았다. 매기 언니는 미국인 병사와 사랑에 빠진 양공주이다. 매기 언니는 미국인 병사를 '사랑'한다고 말하며 함께 미국에 갈 거라고 했다. 하지만 미국인 병사는 매기 언니를 '양공주'라 했고, 어느 날 매기 언니를 창 밖으로 던져버렸다. 엄마의 삶도 다르지 않았다. 엄마는 여덟 번째 아이를 임신했다. 열두 살 소녀에게 '엄마'라는 단어는 더러운 수채 구멍에 얼굴을 박고 토하는 모습으로 연상된다. 그런 엄마처럼 살고 싶지 않았다. 그렇다고 할머니처럼 살고 싶지도 않았다. 할머니는 시집온 지 석 달 만에 남편이 바람나서 의붓딸에게 얹혀사는 신세가 되었다. 평생 할아버지만을 그리워하다가 돌아가셨다. 열두 살 소녀에게 성장의 롤 모델은 없었고, 살고 싶은 여성의 삶도 없었다. 그래서 한 소녀는 "뻣뻣한 스커트를 허리께까지 훌쩍 걷어 올리고 그대로 선 채 오줌을 누고 싶다"[45]고 했다. "가방을 둘러맨 그 어깨가 아름다워"처럼 남 보기에 좋은 그런 소녀는 없었다. 그래서 "외로워도 슬퍼도 나는 안 울어"라고 말하는 《캔디》나 친절보다 구박이 좀 더 편했던 《빨강머리 앤》의 이야기가 모두 제 이야기 같았다. 적어도 영자처럼 살고 싶지도 않았고, 경아처럼 죽고 싶지도 않았으며, 그렇다고 각종 문학적인 클리셰 속에서 허우적대는 글쓰기에 빠져들 수도 없었다.

'자유'와 '부인'이 만나는 순간 서사는 파국으로 치달았고, 소녀와 남성이 만나는 순간 소녀는 말을 잃었다. 어쩌면 자유부인은 '자유'라는 바람 속에 감춰진 여성의 사회적 욕망이었을지도 몰랐고[46] 소녀들의 서성거림은 다른 길을 찾으려는 욕망 때문일지도 몰랐다. 그럼에도 소녀를 소녀답게 길들이는 이야기를 두고 '말괄량이 길들이기'라고 했다.

그 시대에 마저 하지 못한 말, "소녀, 좋아하네."

'혜린'의
책 읽기

문학소녀적인 어떤 것, 혜린의 이야기를 하지 않을 수 없다. '혜린'이라고 하면, 1990년대 퇴근 시간을 앞당겼다고 얘기되는 화제의 TV드라마 〈모래시계〉의 혜린을 떠올릴지도 모르겠다. 긴 머리 휘날리며 태수, 재희 등의 보호를 받던 그 소녀를 어찌 잊을 수 있겠는가. 동일방직사건을 지켜보며 그 생머리 흩날리던 혜린은 이렇게 말했다. "그들은 목숨을 걸고 단식농성을 하고 있는데 나는 먹고 살기 위해 쌀을 사 왔어"[47]라는 말, 일명 '학삐리' 여대생. 여공의 삶과 여대생의 삶을 이렇게 나란히 놓고 '밥'의 유무로 사유했던 여대생, 어찌 되었든 밥에서만큼은 여공과 여대생이 평등해야 된다는 것을 확인한 것은 학삐리 탄생의 흥미로운 장면이다. 학삐리 여대생이 출현하기 이전에 놓인 또 다른 혜린은 그 어떤 형상도 지니지 못했다. 아프레걸도 아니고 문학소녀도 아니고 그렇다고 여성작가도 아닌 채로 《그리고 아무 말도 하지 않았다》로 남은 전혜린.[48] 1934년 1월 1일 태어나 1965년 1월 10일 생을 마감한 전혜린의 이야기이다.

말테, 라비린스, 어셔 가

전혜린은 1955년 독일 유학을 떠난다. 경기여고를 졸업하고 서울대 법대를 차석으로 붙은 천재라는 풍문을 뒤로한 채 훨훨 날아 뮌헨으로 갔다. 원래 "법대 진학은 우등생다운 유치한 흥미"[49]라고 생각했다. 혜린은 국민학교 때부터 대학까지 공립학교만을 다니면서 "점수 따기와 책상버러지와 독서광 부류"에 속해 있었다. 그래서인지 독일로 출발하기 한 달 전 동생 생일 축하 편지에는 온통 이별과 출발에 대한 이야기로 들떠 있었다. 무엇을 위해 떠나는지 몰랐지만 분명한 것은 "나는 행복하다"고 쓸 만큼 독일 유학에 한껏 부풀어 있었다. 물론 처음부터 그랬던 것은 아니다. 어렸을 때부터 늘 아버지 마음에 들고 싶다는 마음이 강했던 터라 "법률가였던 아버지의 엄명"을 그대로 좇았고 아버지가 칭찬해줄 때마다 세상을 얻은 것처럼 행복했다. 그런데 아버지의 법을 뒤로한 채 떠나오며, 오직 단단하게 붙잡을 것은 아버지의 법이 아니라 단단한 자아와 정신이라고 했다. 태어나서 자란 고향이 아니라 마음의 고향이 필요하다고 했다.

스물두 살 여대생 혜린은 뮌헨이 낯설었고 또 그런 만큼 두려웠다. 당시 혜린이 가졌던 느낌은 딱 세 단어로 요약할 수 있다. '말테, 라비린스, 어서 가'. 혜린은 뮌헨에 도착했을 때 모든 것이 낯설었고 새로웠다. 그가 이럴 때 대처하는 방식은 익숙한 문학작품들을 끄집어내어 거기에 기대는 일이었다. 뮌헨에 처음 도착해서 혜린은 자신의 치지가 '말테'와 같다고 말했다. "나는 정말로 내가 파리에 있는 말테나 된 듯한 서글픈 마음"이라고 하면서 릴케의 《말테의 수기》 속 말테의 처지에 자신을 빗대었다. 《말테의 수기》를 읽은 자라면 '파리의 말테'라고 했을 때 혜린의 심사가 어떠했는지 강하게 이해할 수 있을 것이다. 살기 위해 도착한 파리 시내 곳곳에서 말테가 보고 맡은 것은 죽음과 불안의 냄새였다.

그렇다면 혜린이 본 슈바빙은 또 어땠을까. 그것은 말 그대로 그리스·로마 신화에 나오는 '라비린스(미로)' 같았다. 어디로 어떻게 가야 할지 모르겠다는 말이었다. 뿐만 아니라 '빈방 있음'을 보고 찾아간 건물은 미국의 소설가인 포의 단편소설 〈어셔 가의 몰락〉에 나오는

'어셔 가' 같다고 했다. 무섭고 두려웠다는 얘기였다. 혜린은 이토록 돌려가며 이야기했다.

> 스물두 살 때 온갖 공상과 정열을 가지고 뛰어 들어갔던 완전한 미지의 나라, 릴케나 괴테나 베토벤을 통해서밖에 몰랐던 거대한 나라를 약 5년 살아 보니 그것은 내가 소녀 때부터 공상해온 나라와는 전연 아무 관련도 없는 나라였음을 놀라움을 가지고 발견하게 된 것이다.[50]

사실 독일 유학 이전까지 혜린은 책 좀 읽는 소녀였다. 이른바 '문학소녀'일지도 모르겠다. 당시 중고등학교에서 어깨에 힘주고 다니는 학생은 딱 두 종류였다. '책 좀 읽는 학생'과 '껌 좀 씹는 학생'. 물론 혜린은 책 좀 읽는 학생이었다.

혜린은 어렸을 때부터 책만 읽었다. 바느질과 요리 등에 관심을 기울이지 않았고 그럴 수도 없었다. 안다는 것은 세계와 자신을 구분지을 수 있다는 것이었고, 그래서 삶의 기술에 관심을 두지 않은 채 책만 읽었다. 그는 다른 친구들에게 선망의 대상이 되었다. 책만 읽을 수 있는 처지를 부러워한 것인지 책을 많이 읽었다는 사실을 부러워한 것인지 분명하지 않았다. 혜린은 훗날 '책 좀 읽었던' 독서이력을 부끄럽게 떠올렸다. 뿐만 아니라 '점수 따기 공부'에 도움이 되는 독서는 "부모님들의 우스꽝스런 허영심"[51]일 뿐이라고도 말했다. 웬일인지 "대부분 가장 그럴 만한 자격이 없는 부모들이" 그렇게 "비열한 짓"을 한다고도 못 박기도 했다.

혜린은 책을 읽은 것인지 책에 붙잡힌 것인지 구분되지 않을 정도로 정신적인 것을 추구하며 살았다. 그래서 처음에는 뮌헨에 적응하기가 어려웠다. 카페 테라스에 앉아 있는 슈바빙 족을 보면서 보들레

르와 고흐를 떠올리며 적응했다. 그리고 매일매일 《의사 지바고》를 읽고 파스테르나크의 시를 읽었다. 혜린은 문학작품 속에 푹 빠져 지냈다. 그건 늘상 하는 일이었다. 그러나 뮌헨에 와서 조금 달라진 것이 있었다. 8시간 이상 꼼짝없이 앉아서 번역하는 날들이 많아지니 새해 소망으로 '약간의 돈'을 바라기도 하고 책 얘기만 가득하던 일기장에 '빨간 사과 4파운드 85페니, 버터, 배가 3파운드에 85페니, 레기나 포도가 2파운드에 1마르크 10페니'를 자꾸 쓰게 되었다. 한번도 관심 두지 않았던 것들, 세세하고 자잘한 일상적인 것들에 마음이 갔다. 이런 변화가 달갑기도 했다. "꿈꾸는 것 외에는 아무 일도 하지 않는 인텔리는 되고 싶지 않다"[52]고 생각했다.

《지상의 양식》을 읽고 나서 그 속에 있는 한 구절인 "나타니엘이여, 우리는 비를 받아들이자"에 감동해서 폭우 속을 우산 없이 걸어다녔다.[53]

그러면서 그토록 경멸했던 '맛'의 세계에도 절로 관심이 갔다. 혜린은 어렸을 적부터 "계몽주의의 숭배자였고 금욕주의자였던 나의 양친이 내 유년기로부터 설, 추석, 대보름 등의 단어를 말살"[54]했기 때문에 음식물과 연결된 감미로운 유년기의 추억이 없었다. "내가 음식에 눈을 뜨게 된 것은 구라파에 간 이후"였다. 삶의 테두리 안에 놓이지 않았던 맛, 이를테면 길거리에서 서서 먹었던 겨자를 뿌린 소시지, 파마 산 치즈가루를 잔뜩 뿌린 파스타, 희고 부드러운 브뤼셀 빵 위에 발라먹었던 '분홍빛 잼'은 신기한 맛이었다.

이렇게 슈바빙에서는 한국과 달리 먹거리를 위해 시장 골목을 누비고 다녔으며, '어셔 가' 같은 허름한 집을 구하기도 했고, 또 낯선 자들과 밤새 이야기하며 자유가 무엇인지 감각하기도 했다. 또 뱃속에 있는 아이와 이야기하기도 하고 또 그 아이에게 필요한 용품을 구하기 위해 이웃집 사람에게 쓰던 물건을 고맙게 받기도 했다. 제가 속해 있던 '스파르타적이고 상무적, 고구려적 환경'[55]에서 멀어지면서 얻게 된 세상이었다.

사실 '스파르타'나 '상무정신'은 당시 한국에서 통하는 가치였다. 뮌헨에서 사는 게 익숙해질수록 혜린은 '문학'을 통해 독일을 볼 필요가 없었다. 굳이 번역하지 않아도 되었다. 청어는 청어일 뿐이었고, 백포도주도 그저 백포도주일 뿐이었으며, 빵은 빵일 뿐이었다. 달콤한 빵과 퍽퍽한 빵의 구분은 있을지언정, 빵을 이야기하기 위해 몽마르트르의 바게트를 떠올리지 않았다. 또 '청어'를 말하기 위해 헤밍웨이를 더듬더듬 읊조리지 않았다.

번역되지 못하는 그 무엇을 찾아

사실 혜린이 다닌 뮌헨대학은 서울에서 다니던 대학과 달랐다. 뮌헨대학 정문과 후문 입구에는 후버 광장과 숄 형제 광장이 있다. 반나치 삐라를 뿌리며 반전운동을 했던 숄 형제와 이들이 활동했던 〈백장미단〉에 글을 기고했던 후버 교수를 기리기 위한 광장이다. 혜린은 이를 두고 "대학의 정문과 후문 두 광장은 그들의 이름을 달고 동상과 분수가 그들의 자유의식을 후세에 영원히 전해주고 있다"고 하면서 이것이 자유를 지키려는 뮌헨대학의 가장 큰 전통이라고 언급한 바 있다.[56] 뮌헨대학의 한국인 교수였던 이미륵 박사는 바로 후버 교수를 지지했던 동료였는데 전혜린은 이미륵 박사의 《압록강은 흐른다》를

전혜린이 번역한《압록강은 흐른다》(여원사, 1959)의 속표지.

직접 번역해서 그 정신을 기리기도 했다.

혜린은 대학에 다니며 뮌헨대학생의 반항적 기질이 자신에게 낙인처럼 남아 있다고 말했다.

내가 4년 살았던 동네는 슈바빙이라고 불리는 곳이었다. 그 곳 뮌헨대학교 미술대학, 주립도서관을 비롯해 많은 새 책방과 헌책방, 화랑 등으로 특징지어진 뮌헨 문화의 심장부이며 또 가난한 학생과 대학생들, 이방인들이 모여서 사는 이색적인 지대이기도 하다. 뮌헨의 다른 구는 비교적 미국이나 유럽의 다른 도시와 구별이 없으나 이 슈바빙 지구만큼은 일국적으로 뮌헨적인 곳으로 유명하다. 그 곳 주민의 태반을 이루고 있는 학생이나 시인, 작가, 화가, 교수, 음악가 등은 한국에 오더라도 그보다 더 수수하고 초라할 수는 없을 만큼 극단적인 복장을 하고 있고 머리도 안 빗고 안 자르고 안 매는 것을 예사로 하고 있다. 그리고 다른 지구 사람들에게는 남아 있는 인종적 편견이 이 구에만은 조금도 없었다. 흑인이건 동양인이건 처음 보는 사람이건 친칭Duzen을 사용해서 얘기를 걸고 마지막 담배꽁초도 나누어 피우고 때로는 공짜로 점심을 먹고 유유히 달아나고……아무튼 매우 반시민적인 곳으로 소시민 근성이라고는 찾아볼 수가 없었다. 슈바빙 사람이 제대로 옷을 입고 있는 것을 나는 본 일이 없다. 남자는 언제나 스웨터 바람이고 여자는 넓은 검은 스커트에 검은 스웨터, 누구나가 조금씩 더러운 옷을 입어서 여기서는 깨끗하거나 단정한 정식 옷은 우습게 보였었다. 또 주위의 건물이나 도로도 대부분 폭격을 면해서 매우 낡아 있었기 때문에 이런 거무스름한 남녀의 군상이 더욱 어울렸다. 여기에는 옛날부터 이런 자유의 전통이 길러져 있어서 히틀러 정권 밑에서의 레지스탕스도 완강했다 하며 릴케, 토마스 만, 스테판 게오르게, 토마스 울프, 루 살로메, 루트비히 토마, 기타 수많은 표현주의 시인들이 이곳에 거주했었던 것으로 널리 알려져 있다.[57]

혜린은 1959년 귀국한 후 대학강사이자 번역가로서 활발하게 활동했다. 그만큼 좋은 작품을 직접 추천, 선별하면서 그에 관한 자신의 해석을 내보일 경우가 많았다. '혜린의 책 읽기'는 약간 달랐다. 이를

전혜린 사후인 1967년 출간된 《생의 한가운데》 표지. 이 책에서 인상적인 것은
이대 불문학과를 졸업한 '신정자'가 "언니가 가신 지 3년"을 언급하며 전혜린 추모의 변을
책의 서두에 쓰고 있다는 사실이다. 전혜린 추모의 열기를 짐작할 수 있는 책이다.

테면 《데미안》의 경우만 해도 그렇다. 원래 헤세의 《데미안》은 1955
년경 대구 영웅출판사에서 김요섭 번역으로 《젊은 날의 고뇌》라는 이
름으로 출판되었지만 '사춘기 소녀들에게 인기 있는' 책쯤으로 치부
되며 대중적 인기를 얻지 못했다.[58] 그러나 전혜린이 《노오벨 문학전
집》 헤세 편에서 《데미안》을 추천 번역하고 이를 에세이에 다시 인용
하면서 사후에 인기를 얻었다.[59] "독일의 전몰학도들의 배낭에서 꼭
발견되었다는 책, 누구나 한번은 미치게 만드는 책. 도대체 그 마력의

근원은 어디에 있어 왜 우리는 데미안을 읽고 또 읽고, 때로는 죽음에 이르기까지 읽어야만 하는가?"[60]라고 하면서 '데미안'을 실존에 초점을 맞춰 전했다.

루이제 린저의 《생의 한가운데》도 마찬가지였다. 원래 이 책은 《세계 전후문제작품집》 독일편에 실린 책으로 전후 독일 문학을 대표하는 작품으로 편집된 책이다. 독문학 전공자들이 전후 독일 문학의 흐름을 고려한 평론을 싣고 이에 견주어서 작품을 선별하는데 이 논의 속에서 한 번도 언급되지 않은 작품이 《생의 한가운데》이다. 다시 말해 전혜린 추천이 아니었다면 실리지 않았을 작품이었다.

전혜린의 생각은 분명했다. 니나의 삶을 읽고 싶은 삶이라고 생각했다. 삶을 저울질하지 않은 채 자신을 격정에 그대로 내맡긴 '인간', 반나치 투쟁에 가담하기도 하고 두 남자의 아이를 갖기도 하고, 또 그러다가 자살 기도로 이어지는 등 요약할 수 없을 만큼 자기가 본 대로 느낀 대로 살아가는 자유로운 개인의 모습이었다. 혜린은 사실 《생의 한가운데》 같은 소설을 쓰고 싶었다. "현대의 지성계급에 속하는 여자가 자기의 의식의 세계를 주위와 분쟁 속에서 얼마나 지킬 수 있는가를 시험"해 보는 그런 이야기. 루이제 린저가 니나를 통해 그렇게 했듯이 자신도 그런 소설을 쓰고 싶었다. 아니, 어쩌면 '니나'처럼 살고 싶었는지도 몰랐다. 어느 순간 혜린은 '니나'를 일러 그냥 '여자'라고 했다. 니나의 삶이 일반적인 여자의 삶은 아니었지만 적어도 혜린에게 니나의 삶이 여자의 삶이었으면 했다. 혜린은 《인형의 집》의 노라보다[61] 《생의 한가운데》의 니나의 삶을 더 좋아했다. 혜린은 노라가 가출하기 전에 먼저 만나야 되는 대상이 자기 자신이라고 했다.

혜린은 한국에서 빵을 빵이라, 포도주를 포도주라 말하기 어려웠다. 안네가 안네가 아니었고, 노라가 노라가 아니었다. 이를테면 혜린

한국에서 가장 민저 발간된 《안네의 일기》(일조각, 1953).
전혜린은 1960년에 《안네 프랑크의 일기》라는 제목으로 안네의 일기를 번역, 출간했다.

은 한국에 돌아와서 《안네의 일기》를 무대에 올리기 위해 번역했다. 1960년 극단 신협 공연작으로 《안네의 일기》가 정해졌기 때문이다. 그런데 혜린은 공연 연습을 보면서 《안네의 일기》에서 보여야 하는 것들이 보이지 않았고, 드러나지 않아도 되는 것들이 드러나고 있다고 느꼈다. 평소 하던 대로 '한국적인 토착 취미'로 《안네의 일기》가 연습되고 있었던 것.

《안네의 일기》 속에서 말해져야 하는 것들은 '나치에 대한 증오감'

이나 훼손되지 않는 인간성 같은 것이어야 했다. 그것이 비록 말해지기 힘들고 전해지기 불편한 무엇이라고 하더라도 《안네의 일기》에 그것들이 빠지면 《안네의 일기》라고 할 수 없었다. 혜린은 한국의 무대에서 "한국의 지성과 양심에 쾅 망치로 때리는 듯한 작용"을 할 수 있는 작품을 올리고 싶었다. 이를테면 뮌헨대학의 후버 교수 광장에서 핵무기 반대 연설을 했던 케스트너의 《독재자 학교》 같은 작품을 무대에 올렸으면 했다. 텍스트가 선사하는 '쾅' 하고 전파하는 그 무엇을 전달하고 싶었다. 그 '쾅' 하고 파열된 자리가 바로 혜린이 비집고 들어갈 틈이기 때문이었다.

혜린의 시선은 '번역자'의 자리에서 움직였다. 번역할 세계와 번역된 세계 그 중간에서 자기 자리를 찾았다. 그리고 과연 번역되어야 하는 것이 제대로 번역될 수 있을지 고민했다. '안네'와 '노라'가 그저 그런 소녀나 여성으로 번역되는 것은 아닐지 걱정했고, '니나'가 번역되지 못할까 봐 안절부절했다. 그 2퍼센트의 새로움에 매달렸다.

바로 근처에 있는 제에로오제라는 음식점에 들어갔다. 메뉴를 보았으나 별로 눈에 익은 게 없었다. 단 돼지 커틀릿이라는 것은 나도 알 것 같아 그걸 시켰다. 그러나 후로일라인(종업원)이 가져온 것은 우리 개념의 커틀릿이 아니고 돼지고기를 큰 덩어리째로 그냥 삶은 것 같았다. 실제로 그렇게 요리하는 모양이다. 나는 힘없이 먹기 싫은 음식을 앞에 놓고 멍하니 앉아 있었다. "마실 것은 무엇으로 하시겠습니까Was zum trinken?" 물음의 뜻도 파악 못하고 그냥 웃어보였더니 작은 컵에 맥주를 따라서 갖다 주는 것이었다.[62]

그의 무덤은 아무 장식도 없고 아무데나 굴러다니는 것 같은 돌로 만

든 작은 비석 위에 단 세 글자. 새겨진 한문 '李彌勒' 때문에 누구의 눈에나 금방 띄었다.[63]

혜린은 가끔 독일어를 병기하며 글을 썼다. 굳이 독일어를 병기하는 것은 번역되지 못하는 그 차이를 그대로 드러내기 위해서이다. 이를테면 독일에 간 지 얼마 되지 않아 모든 것이 익숙지 않았을 때 식당 메뉴판에서 '돼지 커틀릿'이라는 단어를 본 뒤 한국에서 먹던 '나도 아는' 음식일 거라고 생각하며 음식을 주문했지만 정작 나온 음식은 생각과 달랐다. '돼지 커틀릿'은 짐작과는 달리 돼지고기를 그냥 덩어리째 삶은 음식이었다. 유사한 단어였지만 '다른' 음식이었다.

혜린은 하나의 외국어가 온전히 번역될 수도 없고 번역할 수도 없다고 느꼈다. 이는 당연한 이치였지만 혜린은 그 차이를 격절감으로 느꼈다. 예를 들어, 돼지 커틀릿이라고 상상한 음식이 전혀 낯선 음식이라는 것을 안 순간 종업원이 "마실 것은 무엇으로 하시겠습니까Was zum trinken?"라고 물었는데, 이 간난한 문장을 모를 리 없는 혜린은 "물음의 뜻도 파악하지 못했다"고 쓴다. 무엇을 알고 무엇을 모르는지 불안해졌던 것이다. 그래서 '멍하니' 앉아 있을 수밖에 없었다. 그래서 "마실 것은 무엇으로 하겠습니까Was zum trinken?"라고 독일어를 그대로 병기한다. 혜린이 두 문장 사이에서 갈피를 못 잡고 있다는 사실이 드러난 것이다. 이는 다른 사례에서도 반복된다. "그들이 내부에 쌓인 활력과 질풍노도sturm und drang를 터트리는 것은 대개 사육제가 아니면 한 달에 한 번쯤 있는 아틀리에 잔치Atelierfest(일명 다락방 잔치)에서이다[64]"라는 문장에서도 '아틀리에 잔치'를 그대로 제시한 뒤 괄호 안에 '일명 다락방 잔치'라고 덧붙인다. '아틀리에'의 개념이 한국적 맥락에서 분명하게 포착되지 않기 때문에 벌어진 일이라고 생각할 수도 있지만, 아틀리에와 다락방이 '일명'으로 연결될 만큼 불완전하게 병기된 사정이 중요하다. 결과적으로 이 문장에서 '아틀리에 잔치', 'Atelierfest', '일명 다락방 잔치' 등은 불완전하게 병렬적으로 제시된다. 한 단어가 다른 단어로 쉽게 대체될 수 없다는 사실이 그대로 노출된 것이다.

혜린의 글쓰기에서는 번역어와 모국어의 위계관계가 불안정한 채로 대립하거나 병존하는 양상을 보인다. 그는 단지 원어를 축어적으로 번역하는 번역가가 아니라 주체로서 감응한 세계를 번역하고자 한 번역가였다. 그래서 그에게 번역은 '직업'이 아니라 '실존'의 형식이었다. 자신이 발 딛고 있는 현실은 1960년대의 대한민국이었지만, 그는 이 현실에 적합한 언어를 찾아 번역하면서 또 다른 번역 텍스트를 재구성한 게 아니라 번역되지 않은 세계 속에서 '번역의 불가능함'을 드러내며 번역자의 위치에 자리했다.[65]

그리고 남은, 말해지지 못한 말

혜린이 점하고 있는 위치는 번역가의 자리이다. 번역가란 단지 언어를 옮겨내는 일을 하는 게 아니라 서로 다른 문화적 역사적 맥락들을 드러내는 것임과 동시에 그 차이를 지워내는 일을 하는 것이다. 그러므로 번역한다는 것은 '아틀리에'를 '일명 다락방'으로 해석하는 일인 동시에 '일명'의 기호로 번역자의 행위를 통해 지우는 일이었다. 또 그 속에 내재한 불안한 위치를 체화하는 것이었다. 그만큼 전혜린에게 '번역자'는 실존의 형식이었다. 그 속에서 '어떻게 살아가야 하는지'를 물었다. 혜린은 그 불완전함을 '오식 활자의 의식'으로 비유하며 그 절망감을 드러내기도 했다. 하지만 중요한 것은 그 사이에서 번역해낼 수 없다는 사실에도 불구하고 번역하고자 하는 열정을 동시에 드러낸다는 사실이다.

무엇과도 바꿀 수 없이 너를 좋아해. 너를 단념하는 것보다도 죽음을 택하겠어……내가 원소로 환원하지 않도록 도와줘.

혜린은 죽기 전 편지 한 장을 남겼다. "장 아제베도에게"로 시작하는 편지다. '장 아제베도'를 향해 "무엇과도 바꿀 수 없이 너를 좋아해. 너를 단념하는 것보다도 죽음을 택하겠어"라고 쓰면서 "내가 원소로 환원하지 않도록 도와줘"라고 간절히 말한다. '장 아제베도'는 프랑수아 모리악의 소설 《테레즈 데케루》에 등장하는 이름이다. 혜린

전혜린 사후에 발간된 《그리고 아무 말도 하지 않았다》(東亞PR研究所出版部, 1966) 표지. 이 책은 발간된 후 10여 년 동안 비소설 베스트셀러로 대중들의 인기를 독차지했다.

은 자살하기 직전에 《테레즈 데케루》를 다시 인용한다. 테레즈는 답답한 가정을 벗어나서 열정적으로 살아가고자 하는 주인공이었다. 그가 이 작품을 죽기 직전에 붙잡았다는 것은 이 세계에 번역되지 않은 그 무엇을 이 책에서 찾고 있었다는 뜻이다. 예전에 그가 뮌헨에 처음 도착했을 때처럼 말이다. 그 속에서 자유로운 영혼의 장 아제베도를 다시 끄집어내고 있는 것이다. '장 아제베도'는 번역되지 못한 자신의 이야기와 관련되어 있다.

그는 이런 글을 쓰기도 했다. 〈덫에 걸린 세대〉라는 글에서 "원을 긋고 달리면서 너는 빠져 나갈 구멍을 찾느냐? 알겠느냐? 네가 달리는 것은 헛일이라는 것을". 혜린은 사랑하고 '사랑' 받으며 살고 싶다고 했지만 혜린이 발견한 것은 빠져 나갈 수 없는 '쥐덫'뿐이라고 생각했다. 1970년대까지 독자들은 혜린을 잊지 않았다. 혜린이 남긴 《그리고 아무 말도 하지 않았다》는 1970년대까지 최고의 베스트셀러였다. '그리고 아무 말도 하지 않았다'라는 말 자체가 역설적이었다. 번역되지 못한 말, 말해지지 못한 말이 있다는 사실이 그 어떤 메시지보다 강력했다. 각자의 내면 안에 번역되지 못한 언어가 있다는 짐작은 수많은 청년들의 마음을 뜨겁게 했다. 혜린은 스스로의 삶을 번역해내지 못했다. 하지만 《그리고 아무 말도 하지 않았다》를 남겼다. 독자들은 혜린이 하고자 한 말에 응답했다. 아마도 혜린이 꿈꾸었던 것은 이런 것이었을지도 모른다.

여성 차별·소외로 얼룩지다

1948년 제정된 헌법 제8조에서 "모든 국민은 법률 앞에 평등하며 성별에 의하여 정치적·경제적·사회적 생활의 모든 영역에 있어서 차별을 받지 아니한다"라고 명시했지만 해방 이후 대한민국 가족은 호주제에 기반한 전통적 가족에 가까웠다. 1958년 가족법이 제정되어 여성의 참정권이 인정되었지만 장남 중심의 가족 제도는 여전했고, 남녀의 차별도 분명했다. 그럼에도 해방 이후 여성은 생계부양자로 가족의 경제를 책임지는 역할을 맡았으며, 1960~70년대 경제개발계획 동안 어린 소녀들이 여공, 여차장, 식모 등으로 저임금 장시간의 노동을 담당하며, 가족뿐만 아니라 한국 경제 성장의 버팀목이 되었다. 한편, 여성 교육이 확대되어 대학교를 졸업하는 여성들이 늘어나면서 여성들의 인식이 고양되어 갔지만 남녀 차별에 근거한 열악한 사회 구조는 달라지지 않았다. 억압적인 노동 현실과 부당한 사회 인식이 지속되면서 노동자의 저항이 점차 불거지기 시작했다. 이를테면 1966년 시내버스 여차장 파업, 1972년 여성 노조지부장을 선출한 동일방직 노조탄압사건 그리고 부마항쟁의 도화선이 된 YH무역 농성사건 등이 그것이다.

4

소년, 법과 밥, '태일'

대한민국은 경제개발 5개년계획으로 비약적 발전을 이뤄갔다. 1970년 7월 7일 경부고속도로가 완공되었고, 호사스럽게 '지상낙원'으로 광고되는 아파트 건설이 잇달았다. 그러나 '발전'의 명암은 분명했다. 같은 해 4월 와우아파트가 무너졌고, 그해 11월 전태일은 "우리는 기계가 아니다"라 외치며 죽어갔다. 1972년에는 정당 및 정치활동을 금지하고 헌법의 효력 일부를 정지시킬 수 있는 유신체제가 선포되었다.

학교에서는 〈국민교육헌장〉을 외우고 제식훈련을 했다. 그만큼 국민교육이 한창이었다. 올바른 '국민'으로 인정받아야 했고, '국민'임을 입증하기 위해 여러 노력이 필요했다. 학교에 가지 못하는 소년소녀들의 삶은 더 위태로웠다. 무등산 무허가 집에 살던 한 소년은 사법고시를 꿈꾸었지만 결국 '무등산 타잔'으로 희화화된 채 죽어갔다. 김소월의 시와 괴테의 소설《젊은 베르테르의 슬픔》을 즐겨 읽던 또 다른 청년도 베르테르처럼 죽어갔다. 그는 시를 좋아했지만, 그가 남긴 마지막 말은 "우리는 기계가 아니다"였다.

이들을 중심으로 소년들이 살아나가던 문화사의 풍경을 담았다. 자유교양경시대회와 각종 문고본의 득세, 그 속에서 삼중당문고를 읽었던 청년과 소년들, 그리고 학교 운동장 안에 세워졌던 동상들과, 동상처럼 가만히 서서 애국조회를 치렀던 풍경들, 아울러 학교 바깥에서 '국민'이 되기 위해 교과서를 붙잡았던 소년들의 삶을 담아냈다. 끝으로 취미란에 '독서'라고 쓰면서 평범한 소년으로 살아가고 싶었던 전태일의 삶을 살펴보았다.

달려라 소년, 그리고 굴뚝

소년들은 이리 뛰고 저리 뛰고 연일 뛰어다녔다. 선생님을 만나러 갈 때에도 뛰고, 친구에게 달려갈 때에도 뛰었다. 학교 종이 울려도 뛰었고, 울리지 않을 때에도 뛰었다. 뿐이랴. 집에 갈 때에도 뛰었고 친구들과 몰려다닐 때에도 뛰었으며 신문 배달을 할 때에도 역시나 뛰었다. 또 부끄러울 때에도 뛰었고, 기쁠 때에도 뛰었다. 물론 슬플 때에도 뛰었고 화가 날 때에도 뛰었다. 뛴다는 것은 살아 있음의 존재 증명이었다. 길거리에 흔한 건 소년소녀들뿐이었다.

해방 이후 불우한 소년들이 자주 했던 일은 신문과 잡지의 배달, 판매 등이었다(한영수문화재단).

뛴다는 것은 살아 있다는 것

용문, 동석, 영수, 철수와 영희는 뛰고 또 뛰었다. "용기 있게, 명랑하게" 뛰었다. 이를테면 1968년 영화 〈맨발의 영광〉은 뛰는 자만이 살아남을 수 있다는 것을 온몸으로 보여주었다. 영화는 시립아동보호소에 아이들이 실려 오는 것으로 시작된다. 길거리의 그 흔하디흔한 소년들은 버스에 실려 왔다. 이 소년들은 일명 '정화' 대상이었다. 슈사인보이, 껌팔이, 고아, 넝마주이 등 길거리에 떠도는 이들이 사회불안을 일으킨다는 명분을 들어 보호자 없이 홀로 다니는 이들을 붙잡아 갔다. 고아와 가난한 소녀들이 왜 사회불안을 일으킨다는 것인지 알 수 없었다.[1] 소년들은 더 빨리 뛰어야 했고 그럼에도 더 빠르게 자동차에 실려 시립아동보호소에 붙잡혀 갔다.

〈맨발의 영광〉은 이렇게 모여든 시립아동보호소의 아이들 이야기이다. 이들의 꿈은 축구선수로 성공하는 것, 왜 축구인지 묻는 것은 넌센스다. 수많은 아이들이 공터에서 같이 놀 만한 것은 축구밖에 없었고, 그마저도 축구공이 없어 실을 뭉쳐 축구를 했다. 사실 이들의 꿈이 축구선수라고 말하는 것은 정확한 표현이 아니다. 그냥 인간대접을 받는 일이라고 하는 편이 더 정직하다. "쓰레기통에서 주워 먹어도 발길로 차이는"[2] 이들이 가진 꿈은 입양 간 동생과 같이 사는 일, 그렇게 남들처럼 가족과 같이 사는 일이다. 이것을 위해 지금 이들이 할 수 있는 일은 하루 종일 맨발로 뛰는 것뿐이었다. 그래서 이들은 뛰었다. 껌이든 구두통이든 들고 뛴다는 것은 아직 살아 있다는 것이고 바쁘다는 것이었으며 또 해야 할 일이 있다는 것이었다.

다른 소년들도 마찬가지였다. 1967년 영화 〈사격장의 아이들〉에서 소년소녀들은 화면을 가로지르며 바쁘게 뛰었다. 이들이 뛰는 것은

1964년 출간된 이윤복의 수필집 《저 하늘에도 슬픔이》(사진 위).
책의 인기에 힘입어 그 이듬해인 1965년에 영화가 개봉됐다.

사격장 근처에 떨어진 탄피를 줍기 위해서이다. 군대에서 총을 쏘고
난 뒤 일제히 뛰어가서 탄피를 주워서 다시 안전지대로 나와야 하는
위험천만한 행동을 목숨 걸고 했다. 사격장에서 떨어진 탄피는 하루
하루의 생계를 이을 수 있는 노다지였다.

1965년 〈저 하늘에도 슬픔이〉라는 영화에서도 주인공 윤복이는 하루 종일 뛰었다. 학교가 끝나면 재빨리 껌통을 들고 나와 껌을 팔았다. 대략 동생 돈과 합쳐 십 원 정도의 돈이 모이면 국수를 사서 끼니를 이었다. 또 사글세를 낼 형편도 못 돼서 산 밑 움막에서 살았다. 벽도 없고 문짝도 없는 집이지만 아침이면 동생들과 미제 깡통을 들고 거리로 나와 다방에도 가고 식당에도 가면서 이리 뛰고 저리 뛰었다. 또 그러다가 경찰에게 잡히면 다시 보호소로 잡혀 들어갔다. 그래도 이 남매는 법망을 뚫고 철망을 넘어 다시 집으로 돌아오곤 했다.³ 물론 철망을 넘고, 법망을 넘었지만 결국 목구멍은 넘지 못해 윤복이 동생은 "돈 벌어 올게"라는 편지를 남긴 채 사라졌다.

그들은 그렇게 화면 바깥으로 사라졌다. 그런데 집 나간 동생에 대해 영화는 아무 설명도 하지 않은 채 끝내버렸다. 소녀가 안녕한지 물어보지 못했다. 그 시절 그렇게 "돈 벌어 올게"라고 말한 후 집을 나간 아이들이 다 어디로 간 것인지 물어보아야 한다. 물론 그들 중에는 보호소에 갇힌 아이도 적지 않을 것이고 영지나 영희가 그런 것처럼 소녀 잔혹노동으로 살아갈지도 모른다.

나는 어린 날을 회상하려면 전쟁과 폭격과 거리에서 죽은 즐비한 시체와 피와 아우성 소리 그런 것부터 떠올리고 굶주리고 헐벗고 증오와 적의에 차 있는 어린 시절이 부서진 파편처럼 떠올라 아직까지 그 처절하던 기억들이 내 영혼을 이리저리 난도질하고 상처를 입히는 상상을 우선하곤 했다. 가정의 평화라든지 어머니의 웃음소리 아버지의 엄격하면서도 자상한 사랑 따위와는 거리가 먼 고아와 다름없다는 느낌이 제일감으로 떠올라 나는 숫제 발 빠르고 버릇없는 추억의 촉수가 내 의지와는 상관없이 어린 날의 녹슨 빗장을 벗기고 어린 날로 되돌아가는 음침하고 우울한 추억의 길고 긴 회랑으로 달려갈 때면 "가지 마. 제발 그곳은 끔찍한 지옥 같은 곳이야. 제발 돌아와" 하고 소리 질러 꿈에서 깨어나버리곤 했다.[4]

사실, 4·19 시절 종로거리에서 이리 뛰고 저리 뛰던 무리들이 바로 구두닦이 소년이었다는 것은 어디에서도 별로 말해지지 않았다. 그들은 그렇게 뛰었으나 기록되지 않았고, 기록되지 않았다는 것은 기억되지 않는다는 뜻이기도 했다. 또 이는 그 거리의 주인이 아니라는 사실이기도 했다. 그들은 기억되지 않았을 뿐, 시종일관 종횡무진 뛰어다닌 것만은 분명했다. 물론 세상은 점점 그렇게 뛰어다닌 사람들보다 가만히 있는 자들이 더 대접받는 세상이 되어갔다.

동상의 시대: 애국조회, 제식훈련

이를테면 동상이 그러했다. 해방 이후 사람들은 그 자리에 계속 멈춰 있는 것들을 멋있게 바라보기 시작했다. 그래서 학생들이 공책 살 돈도 없었지만 폐품을 팔아 이순신 동상을 세웠다는 기사가 훈훈한 미담으로 신문에 실렸다.[5]

사실 집에서든 학교에서든 버려도 되는 폐품은 별로 없었다. 얼어걸린 신문지는 반듯하게 접어서 변소에서 사용했고, 공책은 뻣뻣한 속표지까지 남김없이 사용했다. 또 옷 한 벌로 누이동생에 사촌까지 대대로 물려가며 입는 것은 의례이자 생활이었다. 그런데 폐품이라니, 아연실색할 노릇이었지만 '아이들에게 시키면 어떻게 해서든지 한다'고 말해지던 시절이었다. 그 시절 '아이들은 시키면 다했다'. 변

변한 청소용구 하나 없이도 재래식 변소 청소를 했고, 먼지 나는 나무 복도를 반질반질하게 만들어내던 것도 학생들이었다.[6] 군사부일체라 하여 선생님을 무서워했고, 선생님의 지시는 꼭 해내야 한다고 생각했다. 예외가 있기 어려웠다.

어찌 되었든 국민학교 한가운데 놓이는 것은 늘 동상이었다. 이순신 장군 동상, 이승복 동상, 책 읽는 소녀 동상이 동상 트로이카 시대를 열었다. 이외에도 강재구 소령 동상, 율곡 이이 동상, 신사임당 동상, 세종대왕 동상 등 실로 동상의 시대였다. 사실 "노병은 죽지 않는다"고 했던 맥아더 장군은 살아 있는 인물이었지만 존경의 뜻을 표하기 위해 동상으로 세워졌다.

동상은 교훈과 계몽의 표상이었다. 물론 학생들은 동상을 보며 교훈만 주억거리지는 않았다. 오히려 동상이 밤 12시만 되면 로보트 태권브이처럼 날아오른다는 믿을 수 없는 기담을 쏟아내며 동상에 쫄아 있는 마음을 풀어내곤 했다. 사실 그 시절 동상보다 더 대단했던 존재들은 하늘을 가로지르며 날아다녔던 황금박쥐와 로보트 태권브이였다. "황금박쥐 도와줘요"라고 부르면 황금박쥐는 어디에서든 날아와 저들을 물리치고 소년소녀를 지켜주었다.[7] 한 신문은 아무도 지켜주지 못하는 어린이들을 황금박쥐가 지켜주어서 다행이라고 했다.[8]

동상의 시대는 월요일 1교시마다 '부동자세'로 재현되었다. 일명 애국조회 시간이었다. 이 시간은 다른 때보다 더 "가만히 있어라"를 숱하게 들어야 했다. "세상 만물이 생동하고 만화가 방창하는 화창한 봄날을 맞이하여"[9]로 시작하는 교장 선생님의 훈화는 매번 똑같았다. 심지어 만물이 소생하지 않은 춘삼월이어도 추위가 가시지 않은 운동장에서 부동자세로 한 시간을 족히 버텨야 했다. 때로 "주목!"하는 소리에 졸린 눈이 저절로 떠지며 놀라기도 했지만 새 학기는 그렇게 조금은 어렵게 시작되는 것이었다.

국기에 대한 경례와 애국가, 그리고 이어지는 훈화는 늘 비슷비슷했지만 가만히 있어야 했다. 교장 선생님 훈화 듣고, 삐라 신고자 표창에 각종 대회 포상을 한 뒤, 재건체조나 신세계체조, 혹은 국민체조 등을 하다 보면 한 시간이 훌쩍 지나갔다. 체조 이름은 국가 정책에 따라 바뀌었지만 매번 비슷했다. 학생들은 움직이지 않고 서 있다가 박수쳤고, 그렇게 가만히 있다가 절도 있게 손과 발을 움직이며 체조를 했다. 그렇게 한 시간이 지나야 '얼음 땡' 놀이를 할 수 있었다. 여하튼 '얼음'의 시간은 '땡'을 기다리는 것으로 채워졌다. 영화 〈월급쟁이〉에서 한 가장은 체조로 시작하는 하루가 좋다며 집안에서 규율을 지키려고 했다.

그건 열심히 살려고 하는 자들의 모범적인 일상이었다. 다들 열심히 살려고 했다. 열심히 사는 것이 미덕이었다. 학교에 들어가면서부터 〈황국신민 서사〉, 아니 〈국기에 대한 맹세〉를 외쳤고, 일본 천황의 〈교육칙어〉가 아니라 〈국민교육헌장〉을 외웠다. 일장기가 걸렸던 곳에 태극기가 걸렸다. 아들이 아버지를 그대로 이어받는 것처럼 세상이 그렇게 굴러가고 있었다. 그 속에서 학생들은 늘 부동자세로 있었다고 생각할 수도 있었으나 어디까지나 '한국적 민주주의'라고 소개되었다.

반공영화에서 잔인하고 무식한 빨치산의 모습을 익히 보아온 나로서는 학자 집안에서 빨치산이 나왔다는 게 잘 상상이 되지 않는다. 작년에 이승복이 "나는 공산당이 싫어요"라는 말을 남기고 무장공비에게 죽음을 당했을 때 그리고 〈124군 부대〉라는 영화를 단체관람하고 난 다음날 담임선생님이 공산당 빨갱이 빨치산을 한데 묶어 그들의

잔학성을 얼마나 통렬하게 고발했던가.[10]

사실 애국조회의 핵심은 '부동자세'였다. 모든 학생들이 대열을 맞추어 서 있는 모습은 흡사 군대와 다르지 않았다. 아니나 다를까. 고등학교에서는 교련 수업시간에 제식훈련을 한다고도 하고 총검술을 한다고도 했다. 제식훈련은 군인이 받는 집체교육을 말하는 것이다. 오와 열을 맞추는 것이 중요한 제식훈련은 애국조회와 어슷비슷했다. 여하튼 1970년대로 가면 갈수록 소년소녀들이 뛸 일은 점점 줄어들었다. 누군가 "억누르기 위해 가르치는 형국"이라는 말이 얼결에 술자리에서 흘러 나왔지만 그건 어디까지나 얼결이어야 했다.[11]

또한, 애국조회 포상 가운데 가장 폼 나지 않은 것이 쥐꼬리 수집에 대한 칭찬이었다. 신문에서는 대한민국 가난의 원인이 쥐 때문이라고 했다. 농촌의 가난이 "곡식을 훔쳐 먹는" 쥐 때문이라는 것. 그러니 전 국민이 대동단결하여 "쥐를 잡자"고 했다. 한 날 한 시 전 국민이 대동단결하기 위해서 쥐잡기 일지를 제공했다. 꼭 한 날 한 시에 쥐약을 놓아야 한다고 했다. 만일 먼저 놓거나 나중에 놓으면 효과가 없을 뿐만 아니라 한 집으로 쥐가 몰려갈 수도 있다는 협박도 양념처럼 끼워 넣었다. 또 독약만 주면 쥐가 잘 먹지 않는다며 밑밥을 만드는 요령도 자세하게 안내했다. 쥐잡기 교육은 친절한 편이었다. 쥐 덕분에 카뮈의 《페스트》가 신문에 자주 언급되었다.

쥐의 처지나 간첩의 처지나 별 차이는 없었다. 쥐를 잡자고 했지만 인간 다음으로 가장 똑똑하고 파괴적이며 악질적이고 적응성이 강한 동물[12]이 쥐라고 했다. 역사상 쥐의 위상이 가장 높아진 시기였다. 쥐는 간첩과 듀엣을 이룬 것처럼 보였다. 악랄하고 파괴적이라는 묘사는 간첩을 설명할 때도 똑같았다. 여하튼 이 두 가지가 국가를 위태롭게 하는 동물이자 '수상한 이웃'이었다. 국가의 가난은 쥐 탓이었고, 안보 위협은 간첩 때문이었다. '쥐를 잡자'와 '간첩신고'는 대한민국이 부강한 나라가 되기 위해 꼭 실천해야 하는 것이었다. 간첩은 인간의 모습이 아니라 늑대나 쥐의 모습으로 상상되었으니 '짐승'이라고 해도 그리 틀린 말은 아니었다. 쥐와 간첩이 많이 소탕되었다고 했으나, 어찌 된 일인지 그러면 그럴수록 국민들의 불안은 커져갔다. "때려잡자 김일성, 쳐부수자 공산당, 무찌르자 북괴군, 이룩하자 유신과학"이라고 말했지만[13] 딱히 쥐와 간첩 때문만은 아니라는 생각이 들었다.

TV 반공드라마에서도 쥐새끼처럼 숨어서 무전을 치는 간첩들의 모습이 얼마나 많이 나오던가. 매주 이름표 밑에 바꿔 다는 표어만 해도 혜미가 다 외울 정도였다. 반공방첩 숨은 간첩 신고하자 때려잡자 김일성 물리치자 공산당 어둠 속에 떨지 말고 자수하여 광명 찾자.[14]

사실 '쥐' 중에서 예외적인 쥐가 있었으니 이를테면 앞서 등장했던 황금박쥐가 그러했다. 〈황금박쥐〉는 1960년대 최고의 히트 애니메이

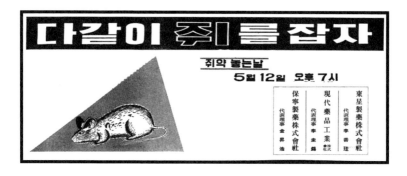

쥐잡기 캠페인 광고. 《경향신문》 1976. 5. 12.

션이었다. '한일수교'의 콩고물이라 할 만했다. 한일수교란 36년간 일제 치하의 식민지 경험도 청산이 안 된 상태에서 다시 좋게 지내자고 약속한 일이었는데, 누군가는 "더러운 중에서도 가장 더럽고, 분한 중에서도 가장 분한 것은 일본에게 멕히운 일"[15]이라며 한일수교를 매국외교라 했다. 하지만 정부는 계엄령까지 선포하며 한일수교를 지켜냈다. 그 결과로 수입된 일본 TV 만화영화 〈황금박쥐〉는 이런 사정을 아는 이가 보기엔 애매했지만, 시대가 시대인지라 이쪽도 저쪽도 아닌 박쥐의 정체성이 인기리에 방영되었다.

어른들이 박쥐를 좋아해야 하는 시대에 적응하지 못하고 있을 때 아이들은 〈황금박쥐〉를 열렬히 응원했다. 원래 영화에서는 황금박쥐가 정의의 용사인지라 "빛나는 해골은 정의의 용사"라고 했는데, 아이들은 황금박쥐를 재미나게 패러디했다. "빛나는 해골에다 갈비뼈가 열두 개 그래도 잘났다고 빤스만 입고"라고 하면서 갈비뼈 드러낸 채 '빤스'만 입고 돌아다니는 자신들의 풍경을 그대로 읊어댔다. 더욱이 개사한 노래의 마지막 부분을 "매만 맞고 돌아오는 황금박쥐"라고 마감함으로써 아이들의 처지를 있는 그대로 절절하게 호소했다. 황금박쥐는 원래 뜻이야 어떻든 간에 "도와줘요" 할 수 있는 긴급구조단과 다를 바 없었다.

그래도 소년을 기다리며

거리를 누비는 자들이 가질 수 있는 모험이 한국에서는 쉽지 않았다. 마크 트웨인의 소설 《톰 소여의 모험》이나 《허클베리 핀의 모험》이라는 책은 익히 들어 알고 있었지만 모험은 어디까지나 '책'에서나 가능한 얘기처럼 보였다. 모험은 브라운관 속의 톰 소여나 허크 또는 훈이 가 하는 일이었다. 대한민국에서 모험은 없었고 있다면 위험이 있을 뿐이었다.

톰 소여가 한국에서 태어났다면 애비 없는 자식으로 놀림 받았을 공산이 적지 않았고, 허크가 한국에서 태어났다면 거리의 부랑소년으로 격리되었을 것이다. 그럼에도 톰 소여의 익살과 장난은 소년의 유전자인 듯 적지 않게 자극이 되었다. 한국의 현실은 아직까지《저 하늘에도 슬픔이》의 주인공 이윤복의 가난에서 벗어나지 못했다. 그래서 이윤복 수기를 읽고 난 한 국민학생이 이윤복의 삶을 이야기하는 대신에 이윤복을 도와준 선생님처럼 되고 싶다고 말하는 것은 당연했다. 이윤복의 수기는 그런 것이었다. "그렇게 벌거벗은 존재들이 네 주위에 있다, 그런 존재들을 생각하며 살아라"라고 말하는 것. 그러므로 이윤복을 도와준 선생님처럼 살고 싶다고 말하는 것은 그리 발칙하지 않았다.

그럼에도 '소년'들은 여전히 희망의 상징이었다. 이를테면 1975년 상영된 대학생들의 일상을 다룬 영화 〈바보들의 행진〉에서 주인공 영철에게 유일하게 희망을 주었던 존재는 신문팔이 소년이다. 몇몇 친구들과 당구를 치던 병태와 영철, 뜬금없이 "오늘날 우리나라에서 제일 필요한 것이 무엇인지" 묻던 중 영철은 "믿음"이라고 말했다. 친구 병태의 비웃음에도 불구하고 영철은 "사람을 믿는다"라는 말을 평소와 달리 분명하게 말했다. 늘 어눌하게 자기표현을 하던 영철의 태도와 다른 모습이었다. 그러자 친구들은 "고도를 기다리는 거냐"고 놀린 뒤 한번 실험을 해보자고 했다. 그래서 당구장을 들락날락하던 신문팔이 소년에게 500원을 쥐어준 뒤 잔돈으로 바꿔 오라는 심부름을 시키는데, 친구들은 그 소년이 돌아오지 않을 거라고 단언했다. 일면

식도 없는 소년이 500원을 왜 다시 가져 오겠냐는 것. 그럼에도 영철은 신문팔이 소년을 기다린다. 아니나 다를까 30분이 지나도록 신문팔이 소년은 돌아오지 않았다. 친구들은 주섬주섬 자리를 털고 일어서려는데 영철은 "난 기다린다"고 했다. 영철 옆에 작은 나무 한 그루만 있었다면 사무엘 베케트의 연극 〈고도를 기다리며〉의 1975년 한국판 버전이라고 해도 그리 문제되지 않았을 듯.

한 시간이 다 되었을 무렵 신문팔이 소년이 당구장에 들어섰다. 그 순간 영철의 얼굴은 그 어느 때보다 환하게 빛났다. 소년이 빨리 올 수 없었던 이유는 빨간 신호등을 보지 못한 채 횡단보도를 건너다가 경찰관에게 붙잡혀서 한 시간 동안 발이 묶였기 때문이었다. 어찌 되었든 소년은 왔고, 그제야 청년들의 마음도 풀렸다. 고도를 기다린 것도 아닌데 마치 그런 것처럼 영철의 마음이 누그러졌다. 영철이 신문팔이 소년을 붙잡고 "네가 내 형님이다"라고 했던 말은 진심이었다.

거리에서 뛰어다니는 것은 대개 소년과 소년, 청년과 청년, 그리고 쥐와 고양이 이외에 딱히 없었다. 신문팔이 소년은 뛰어야 했고, 껌팔이와 구두닦이 소년도 마찬가지였다. 한시도 머물러 있을 수 없었다. 신문과 구두를 배달하기 위해 뛰었고, 배달할 일이 딱히 없어도 일거리를 찾기 위해 뛰었다. 1960년대와 1970년대 거리에서 청년들도 자주 뛰었다. 누구는 바보들처럼 뛴다고 했지만 뛴다는 것은 도망치기 위해 뛰는 것이었고 붙잡히지 않기 위해 뛰는 것이었으며, 또 가만히 있을 수 없어 뛰는 것이었다. 그들은 애국조회, 제식훈련, 교련, 불심검문, 단속과 "가만히 있어라"라는 말을 피해 법과 법 사이를, 길과 길 사이를 누비며 뛰었다. "너희들의 그런 엄숙주의는 가짜야, 어른인 척하지 마"라고 말하는 듯 청년들은 잘도 뛰었다. 그것만이 살아 있음의 증거라는 것을 알았다. 학교에서도 거리에서도, 그들은 늘 언제나 그런 것처럼 너무 멀리 뛰어나가기도 했다. 조금은 위험할 수 있었다. 그럼에도 학교 운동장에서 모의 수류탄을 던지는 것보다 위험하지는 않았다.[16] 소년소녀란 원래 가만히 있을 수 없는 존재들이 아닌가. 그러니 뛰어! 거리에서 뛰는 자들은 늘 살아 있는 자들이었다.

소년은 자란다:
태권브이에서
타잔까지

서울 동대문구 창신동에 사는 한 청년은 "창신동에 사는 사람들은 모두 개새끼들이외다"[17]라고 벽에 썼다. 창신동 빈민가 찌그러진 방 한 구석에 누워 있노라면 절로 그런 생각이 들었다. 창신동 용두동 등지에 8,000세대가 다닥다닥 게딱지처럼 붙어 살았다. 집은 집이었으나 집이 아니라고 해도 딱히 할 말은 없었다. 한 잡지에서는 이 동네를 일러 '등외지대'라고 했다.[18] '열외'라는 뜻이었다. 이 동네 사람들도 '남들처럼' 낮에는 일을 했고 밤에는 잠을 잤다. 그리고 꿈도 꾸었다. 그들이 꾸었던 꿈의 내용은 달랐지만 유독 집에 대한 내용이 많았다는 것만은 비슷했다. 붉은 장미꽃이 핀 벽돌집, 그런 집에서는 사람 잡을 듯한 악다구니 대신 〈엘리제를 위하여〉의 피아노 소리가 울려 나올 것 같았다.

아내한테 가장 두려운 상대는 골목길 맞은편 천막 반 흙벽돌 반의 오두막에 사는 고물장수 마누라였다. 골목이 시끄러워서 슬그머니 들창을 열고 내다보면 틀림없이 그 여자가 누군가를 상대로 대판 싸움을 벌이고 있었다. 대개는 동네사람들 하고서였고 더러는 자기 남편이거나 여섯 살배기 자기 아들과였다. 상대가 자기 식구건 동네 사람이건 어느 경우를 막론하고 여자의 입에서는 개와 도야지가 끊일 새 없었으며 이빨과 손톱을 동시에 사용하면서 웬만한 작두 푼수는 되는 어마어마한 고물장수 가위로 인체의 어느 특정 부위를 싹둑 잘라 버리겠다고 말끝마다 씹어뱉곤 했다.[19]

'시민'과 다른 '등외지대' 사람들

그도 그럴 것이 창신동과 용두동이 아니어도 "숨통을 죄듯이 다닥다닥 엉겨 붙은 천변부락"은 늘 악다구니가 넘쳐흘렀다. 고래고래 싸우는 사람, 소리 지르는 사람이 허다했다. 그 동네에 사는 한 고물장수 마누라는 인체의 어느 특정 부위를 싹둑 잘라버리겠다는 식의 절규 반 협박 반의 싸움을 매일 이어나가기도 했다. 그럼에도 아이들은 그 속에서 잘 놀았다. 더러운 개울가에서 하루 종일 얼굴을 처박고 쇳조각이라도 주울까 노려보고 있었고, 또 어떤 아이는 누군가 던져주는 침 뱉은 과자를 고양이처럼 주워 먹기도 했다. 천변부락의 사람들은 그냥 가난하기만 한 것이 아니라 대개는 더러웠고 또 자주 시끄러웠으며 때때로 쏘아보는 눈빛을 취했다.[20]

물론 이렇게 천변부락 사람들에 대해 이야기하는 사람은 이곳에 살지 않는 사람이었다. 천변부락에 살면서 얼굴이 시커먼 것은 낯선 일이 아니었다. 그리고 악다구니와 말이 구분되지 않은 채 쏟아져 나오는 것도 일상적인 일이었다. 하지만 생각보다 빠르게 전후의 상흔이 지워지면서 서울 거리가 정화됨에 따라 천변부락과 창신동의 사람들은 지워지고 있었다. 그래서 서울시민들은 이 시커먼 얼굴을 접하노라면 불편하기도 했다. 사실 고아와 넝마주이가 길거리에서 흔하다고 하지만 부랑아로 낙인 찍혀 정화 대상으로 거리에서 사라졌다. 또 넝마주이는 우범의 가능성으로 얘기되며 '근로재건단'으로 편입되었다. 1962년 국립정신병원이 건립되어 소년원에 못 들어간 아이들이 때때로 정신병원에서 발견되었으며 시립부녀자보호지도소에서는 윤락여성과 거리의 여성들이 '보호'되었다. 사람들은 고아와 넝마주이가 사라진 것을 두고 '재건'과 '정화'라고 했다. 그렇게 서울 거리는 '명랑'

해지고 있었다.

"저 하늘에도 슬픔이 있다"고 말하는 이윤복 어린이는 동정할 수 있지만 바로 가까이에 있는 시꺼멓고 더러운 얼굴의 소년에 대해서는 "꼭 무슨 일을 저지를 것만 같은" 우범자처럼 혐오스러웠다. 물론 "불공평한 세상에서 부자는 미워할 수 있지만 가난한 사람들은 미워하면 안 되는 것"[21]이라고 배웠으며 심지어 도와주어야 한다고 알고 있었지만 그 일이 생각만큼 쉽지 않았다. 그래서 찰스 디킨즈와 찰스 램을 돌아보며 어떻게 살아가야 하는지 고민 좀 했던 사람조차 "그들을 쓰다듬고 싶지도 않았다". 마음의 길과 윤리의 길이 꼭 잘 들어맞지는 않았다. 100평의 집에 사는 사람과 20평의 집에 사는 사람들은 마음의 크기가 달랐고 집의 크기가 마음의 크기인 시대였다.[22]

나는 형을 위해 기계에서 돌아 나오는 인쇄물을 집어다주고는 했다. 아주 어려운 것도 형은 참고 읽었다. 돈을 타면 헌책방에 가서 사다 읽기도 했다. 책은 형에게 무엇이든 주었다. 형은 고민하는 사나이의 표정을 종종 지어보이고는 했다. 내가 이해할 수 없는 것들을 공책에 옮겨 적기도 했다. 형의 공책에는 다음과 같은 것들도 적혀 있었다. "폭력이란 무엇인가? 총탄이나 경찰 곤봉이나 주먹만이 폭력이 아니다. 우리의 도시 한 귀퉁이에서 젖먹이 아이들이 굶주리는 것을 내버려두는 것도 폭력이다." 반대 의견을 가진 사람이 없는 나라는 재난의 나라이다. 누가 감히 폭력에 의해 질서를 세우려는가? 십칠 세기 스웨덴의 수상이었던 악셀 옥센스티르나는 자기 아들에게 말했다. "얘야 세계가 얼마나 지혜롭지 않게 통치되고 있는지 아느냐?" 사태는 옥센스티르나의 시대 이래 별로 개선되지 않았다. 지도자가 넉넉한 생활을 하면 인간의 고통을 잊어버리게 된다. 따라서 희생이라는

말은 전혀 위선으로 변한다. 나는 과거의 착취와 야만이 오히려 정직하였다고 생각한다.[23]

방이 없는 것은 인격이 없는 것과 다르지 않았다. 이를테면 조세희의 《난장이가 쏘아올린 작은 공》의 영수네가 그러했다. 책은 형에게 '무엇이든' 주었지만 '집'을 주지는 못했다. 그래서 가끔 형은 "고민하는 사나이의 표정"을 지어보이곤 했다. 책의 현실과 영수의 현실은 달랐다. 《톰 소여의 모험》이나 《허클베리 핀의 모험》이 한국의 현실과 하등 상관없었던 것처럼 말이다. 톰 소여와 허클베리 핀이 부러웠던 것은 집이 변변치 않았지만 그런 것과 무관하게 과감히 집을 박차고 나간 점이었다. 그래서 모험이 가능했을지도 몰랐다. 집에 미련을 두지 않기 때문에 미시시피 강을 따라 다른 세상을 구경할 수 있었고, 그 속에서 "그래 결심했어. 지옥으로 가겠어"라는 명대사를 남겼을지도 몰랐다. 한국에서도 톰 소여의 모험이 일찌감치 번역되어 방송극으로까지 나왔다. 제목은 〈똘똘이의 모험〉이었다. '톰 소여'가 '똘똘이'로 바뀌었다. 그렇게 '똘똘'하다는 사실이 중요했다. 이를테면 똘똘이와 복남이가 쌀을 훔쳐내는 도적단을 발견했는데 알고 보니 간첩이 북한으로 쌀을 빼내 가려던 것, 말하자면 국가의 부를 쥐처럼 갉아먹는 간첩의 소행을 목격한 것이다. 똘똘이들은 힘을 합쳐 간첩을 붙잡았고 결과적으로 국가를 지켜냈다. 참 착한 어린이였다. 그래서 똘똘이와 복남이는 상장도 받았다. 그러나 어디까지나 모험은 반납되었다. 집을 떠나는 모험이 아니라 집을 지켜내는 영웅적인 행동이 중요했다.

집도 없었고 모험도 없었다. 아니 집이 없으니 모험도 없었다. 집이 없었던 사정과 모험이 사라진 사정은 아무런 관련이 없었지만 둘 다

위험하기는 마찬가지였다. 이를테면 영수네가 살던 낙원구 행복동만 해도 그러했다. 서울의 주택난이 심하기는 하였으나 심한 것으로 따지자면 한도 끝도 없었다. 1965년까지 공식적으로 보릿고개가 있었다. 사람들은 사람 구실하려면 서울로 올라가야 한다고 믿었다. 그래서 집이 더 부족했다. 그렇게 서울로 올라왔지만 "창신동에 사는 사람은 개새끼"[24]라는 말이 절로 나왔다. 서울시장 별명은 '불도저'였다. 하루에 몇 건씩 도로, 건물의 준공, 착공 등의 테이프를 끊으러 다닌다고 했다. 시민아파트 건설계획도 세웠다. 결국 1970년 와우아파트가 무너졌다. 입주자와 인부를 포함 70여 명 가운데 33명이 사망했다. 무조건 밀어붙인 불도저식 개발과 허술한 기초공사와 짧은 공사기간 때문이라고 했다.

그 이듬해에는 광주대단지사건이 일어났다. 원래 이곳은 국회의원 선거 때 지상낙원이 들어선다고 약속했던 곳이었다. 선거철 일어나는 한때의 거품이라고 생각하기에는 낙원의 청사진이 조금씩 앞당겨지는 듯했다. 꼭 그래서는 아니었지만 20평 전매권을 산 사람들이 있었다. 가까스로 땅은 마련했으나 집을 지을 돈은 없어 낡은 텐트 하나 세우고 살았다. 그래도 20평이 온 세상인 듯 싶게 마음이 편했다.

그런데 '사노라면 언젠가는'이라는 희망찬 미래가 그리 쉽게 오지 않았다. 국회의원 선거가 끝난 바로 다음날 보름 내에 집을 짓지 않으면 불하를 취소하겠다는 통지서가 날아왔다. 보름 내에 집이라니. 어찌어찌 집 모양을 만들면 될 듯하여 다들 비럭질로 시멘트 블록집을 만들었다. 그렇게 짓고 나니 보름 내 토지대금을 평당 8,000원 내지 1만 6,000원으로 계산하여 납입하라는 공지문이 날아왔고 만약 납입하지 않으면 6개월 이하의 징역이나 30만 원 이하의 벌금을 부과한다는 통지서가 또 날아왔다. 후일 이 조치에 대해 '무계획적 도시정책과 졸속행정'이라고 평가되었다. 당시 이 동네 사람들은 "백 원에 산 땅을 만 원에 파는 폭리를 취하지 말라", "배고파 우는 시민, 세금으로 자극하지 말라"고 외쳤다. '배고파 우는 시민'은 과장된 말이 아니었다. 누군가 광주대단지사건을 '배고파 우는 시민'으로 기억하는 자도 있었기 때문이다.

이를테면 '권 씨'라고 불린 사람의 얘기이다. 권 씨는 광주대단지사건이 일어나던 날 시커먼 얼굴들에 섞이고 싶지 않아서 그냥 손 놓은 채 지켜보고만 있었다. 그런데 하필 그날 비가 왔고 갈 길을 잃은 삼륜차가 갈팡질팡하다가 뒤집히는 사고가 났다. 삼륜차가 뒤집어진 것은 사실 단순한 사고일 수 있었다. 진짜 사건은 그 다음에 일어났다.

데몰 피해서 빠져 나갈 방도를 찾느라고 요리조리 함부로 대가리를 디밀다가 그만 뒤집혀서 벌렁 나자빠져버렸어요. 누렇게 익은 참외

1971년 8월에 발생한 광주대단지사건의 한 장면. 정부의 무계획적인 주택정책이 야기한 사건으로 평가되고 있다.

가 와그르르 쏟아지더니 길바닥에 구릅디다. 경찰을 상대하던 군중들이 돌멩이질을 딱 멈추더니 참외 쪽으로 벌떼처럼 달라붙습디다.[25]

바야흐로 중복과 말복 사이에 낀 여름 무더위가 최고 절정으로 올라가던 시기, 광주대단지에 그 허허벌판 속 먼지바람이 그대로 온몸의 땀과 뒤엉켜 있던 때, 하필 그때 비까지 오니 시커먼 얼굴에 공감하기 어려웠다. 그런데 그때 삼륜차에서 샛노란 참외가 떼구루루 굴러 떨어지는 순간 광주대단지 사람들의 눈동자도 떼구루루 흔들리더니 더러운 참외에 달려들어 어기적어기적 씹어 삼키는 게 아닌가. 좀 전까지 마땅함을 얘기하며 그렇게 당당하게 소리를 지르던 자들이 굴러 떨어진 참외에 빛의 속도로 달려가 주워 먹는 풍경은 말 그대로 '배고파 우는 시민'의 모습이었고 날것 그대로의 절박함이었다.

무관심이 낳은 비극, '무등산 타잔'

여기저기 벌거벗은 인간들 천지였다. 이러한 사건이 줄기차게 쉬지도 않고 반복적으로 일어났다. 이를테면 1977년 광주 무등산에서 벌어진 '무등산 무당촌 살인사건'만 해도 그러했다. 기사 제목만 보았을 때는 '무당촌'이 전하는 이미지와 '살인'이라는 단어는 교묘하게 어울려 그로테스크한 상상을 불러 일으켰다. 제목만 보아도 뻔해 보였다. '무당촌' '살인' 사건에 '타잔'이 출몰했다는 것. 무당촌에 타잔이라, 〈황금박쥐〉보다 키치한 미감을 불러일으켰다. 타잔 출몰도 야릇한데 알고 보니 그 타잔이 '한국판 이소룡'일 수도 있다고 했다. 이 정도로 어색한 기사가 아무렇지 않게 사실처럼 쓰였다. 누구든지 멈추어 찬

찬히 보면 알 수도 있는 기사였다. 하지만 아무도 멈춰 서지 않았고 아무도 돌아보지 않았다. 그런데 꼭 누군가 한 사람 쯤은 지켜보게 마련이었다.

이름은 김현장이라고 했다. 그는 자신이 타잔이나 이소룡인 양 직접 무등산을 오르락내리락하면서 '한국판 이소룡'의 실상을 다시 취재했다. 그리고 〈무등산 타잔의 진상〉이라는 기사 한 편을 완성했다. 한마디로 요약하자면 '한국판 이소룡'은 무당이 아니라 돈이 없어 산에 집을 짓고 살던, 그것도 집만 없는 게 아니라 학비도 없어 중학교에 입학하지 못한 채로 '낮에는 일을 하고 밤에는 책을 본' 소년이라고 했다. 독학하는 이들이 그렇듯 먹지 못하고 눈이 빠지게 공부하니 체력이 바닥나 이소룡 교본을 놓고 몸 단련을 했던 게 화근이라면 화근. 이 과정에서 '무당촌'과 '이소룡'이 찰싹 붙어버렸다. 더욱이 가진 게 없어 산을 떠돌아다닌 게 빌미가 되었다. 그래서 붙여진 별명이 '타잔'이었다.[26]

> (무등산) 덕산골에 사는 사람들의 대부분은 시내에는 집을 장만할 만한 돈이 없어서 산중턱으로 올라와 살던 빈민들이었어요.[27]

한국판 이소룡의 이름은 박흥숙이다. 박흥숙은 영광중학교 입학시험에 수석으로 합격한, 공부에 소질이 있는 노력파 학생이었으나 오직 가족이 다 같이 사는 데에만 마음을 썼다. 해서, 집도 절도 없는 처지였던 박흥숙은 남들이 잘 다니지 않는 무등산 덕산골에 집을 짓겠다고 마음먹었다. 물론 집을 짓는 데 여러 어려움이 있었다. 하루는 먹지 못한 채로 집을 짓노라니 결국 기진맥진 탈진 상태에 빠지게 되었다. 그런 상태에서도 마른 잎이 다시 살아나듯 살아나 정말 타잔처

무당촌 撤去班員 살해범

서울서 검거…光州로

이모집 은신중에 市民제보

'박은 무등산에서 태권도와 유도 등의 각종 무술을 익혔다'로 소개된 사진과 기사.
이 사건의 원인에 대해서는 설명하지 않고 무술 연마를 했다는 사실에 집중하면서 스무 살
박흥숙을 위험한 인물로 부각하고 있다(〈서울서 검거…광주로〉, 《경향신문》 1971. 4. 23).

럼 돌아다녔다고 했다.

그런데 하필 전국체전을 앞둔 광주시청에서 무등산 '정화' 작업에
나선다.[28] '단속', '정화', '철거'는 늘 함께 쓰이는 친한 단어였다. 이
단속에서 피신하지 못한 채로 무등산 덕산골에 남아 있던 사람들은
할머니 할아버지이거나 병을 앓고 있는 환자 등 생활능력이 여의치

않은 사람들이었다. 1977년 4월 21일 무등산에 봄꽃이 활짝 피어나고 있을 때, 철거반원들이 들이닥쳐서, 그렇게 배곯으며 지었던 집을 불 질러버리니 소년 박흥숙은 제정신이 아니었다. 더욱이 힘없는 노인들의 집까지 쳐들어가 협박하는 모습을 보자니 혈기왕성한 소년 박흥숙은 결국 철거반원과 5대 1로 싸우게 되었다. 철거반원은 모두 어른들이었다. 그럼에도 제 터전을 잃은 자, 그렇게 미래를 잃은 자의 힘을 당해내기는 어려웠다.

5대 1의 싸움이었지만, 아니 싸움이 아니라 난동이나 발악이었을지도 모르지만 갈 데 없는 청춘, 할 수 있는 기회조차 없었던 청춘은 저항했다. 이 과정에서 철거반원들은 목숨을 잃게 되었다. 그 철거반원들도 누군가의 아버지였을 터, 그리고 누군가의 하나밖에 없는 남편이었을 터였다. 이렇게 더 이상 잃을 것 없는 소년과 열심히 일을 해야 하는 가난한 일터를 가진 가장들은 만났고, 결국 모두를 잃었다. 가난한 집의 똑똑한 아들 박흥숙, 무등산 덕산골에 집을 지어 놓고 엄마에게 선물이라고 했던 아들, 학교도 못 가는 주제에 사법고시를 보겠다는 야무진 꿈을 가졌던 청년. 그 소년 박흥숙은 몇 해가 지난 뒤 사형장의 이슬이 되었다. 무등산 정화는 소년체전을 앞두고 누군가 보시기에 좋았더라, 라는 얘기를 듣기 위해 시작된 일이었다. 생각해보면 1977년 4월 봄꽃은 왜 피었는지 모르겠다. 누군가는 이렇게 생각했을지도 몰랐다.

벌거벗은 임금과 소년

1974년 발간되어 금서 목록에 올랐지만 어느 책보다 열심히 읽힌 리

영희의 《전환시대의 논리》의 첫 장은 벌거벗은 임금님의 우화로 시작한다. 옷을 입지 않은 임금을 보고도 아무도 이야기하지 않았다는 것, 신하들은 모두 찬사를 던졌으나 벌거벗은 임금이라고 말한 이는 소년이었다. 그런데 리영희는 이 우화를 빗대어서 진실을 말하는 자가 '소년'이었다는 것과 진실은 반드시 진실대로 말해지기 마련이라고 썼다. 리영희 선생은 "가장 어리석은 소년"에 의해 온 사회의 허위가 벗겨지기 전까지 어른들은 자기부정 속에 살았노라고도 말했다.[29] 책을 읽은 자들은 그 새로움에 심장이 두근거렸다. 진실이라는 것이, 그리고 자유라는 것이 언젠가 밝혀진다는 사실은 당연했지만 벌거벗은 임금님 세상에서 그건 쉽지 않았기 때문이다. 때가 때인지라 우화 속 소년이 그 후 어떻게 되었는지 궁금하기도 했다. 논리에서 벗어나는 일이었으나 소년의 안부가 궁금했다. 어쩌면 리영희 선생은 벌거벗은 임금이 사는 나라의 소년일지도 몰랐다.

연말이 가까워지면서 라디오에서는 70년대가 온다고 떠들어댔다. KAL기 납북사건이 일어나자 그 얘기로 핏대를 높이느라 잠시 들어가는가 싶었지만 그래도 새롭게 열리는 시대 70년대는 여전히 연말 라디오의 중요한 화두였다. 70년대는 무엇이 어떻게 달라질 것이라고 희망찬 설계를 했으며 그와 더불어 60년대가 우리에게 준 것들에 대해서도 이야기했다. 5·16혁명과 경제개발 5개년계획의 성공으로 우리는 민족중흥의 길로 들어선 것입니다. 아나운서가 그런 내용을 읽을 때 뒤에서는 으레 잘 살아보세 합창소리가 씩씩하게 울려 퍼지곤 했다.[30]

1970년대 열일곱, 열여덟 살 먹은 소년에게 "그럼 너흰 소년이냐 청년이냐"라고 묻는 자 앞에서 "대한의 청년입니다"[31]라고 답해야 했다. 또 영화관에서는 〈로보트 태권브이〉와 〈똘이 장군〉이 맹위를 떨치고 있었다. 〈육백만 불의 사나이〉나 〈원더 우먼〉만큼이나 비현실적이었고 얄개 시리즈 영화만큼이나 모범적이었지만 바로 그런 이유에서 믿을 수가 없었다. 하루하루의 생활이 지겨워서 단 하루도 천국을 생각해보지 않은 날이 없었고 그렇게 매일 매일이 전쟁이었지만 그 전쟁에서 매일 참패했다.[32] 더 단단하고 씩씩하게 살고 싶었다. 그래서 이소룡을 따라하기도 했다. "아뵤오오"를 외치며 코끝을 살짝 만진 뒤 발차기를 하는 이소룡은 노력하면 될 수도 있을 것 같았다. 아침마다 마당에서 하는 체조 뒤에 슬쩍 뻗어 올린 발차기는 이소룡의 것이 아니라고 해도 대개 마음만큼은 그 언저리에 있었다.

1977년 TV수상기는 350만 대, 라디오는 1,000만 대 보급되었다. 그렇게 보급된 텔레비전에서는 〈쇼쇼쇼〉와 〈토요일 토요일 밤에〉가 여전히 흥청거렸다. 영화관에서 '얄개'들은 상종가를 치고 있었으며, 고교야구는 전 국민적 스포츠였다. 볼거리가 너무 많았다. 그뿐이었다.

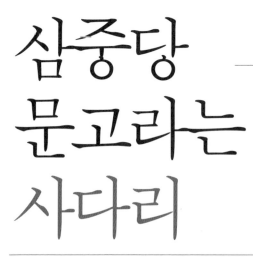

삼중당
문고라는
사다리

해방 후에 '영희'라는 이름에는 참 사연이 많았다. 《국어》 교과서에도 영희가 나왔고, 〈로보트 태권브이〉에도 영희가 나왔으며, 《난장이가 쏘아올린 작은 공》에도 영희가 나왔다. 이름이 같다고 입장이 같은 것은 아니었다. 영희의 수난은 끝나지 않았다.

'주머니 달린 옷'이 입고 싶었던 영희

낙원구 행복동에 사는 난장이에게는 딸이 있었다. 난장이 딸이라고 생각되지 않을 만큼 예뻤다. '난장이'와 '예쁜 딸' 사이에 머나먼 강이 흐르고 있었고, 그것은 논리적으로 해명될 문제가 아니었다. 영희는 아버지가 누군가에게 발꿈치를 들며 온몸으로 인사하는 것을 지켜본 적이 있었다. 영희는 아버지가 난장이라서 발꿈치를 든 것이 아니라는 것을 알고 있었다. 아버지가 난장이라서 슬픈 게 아니라 아버지가 누군가와 얘기할 때 곧추 세운 발꿈치의 안간힘이 슬펐다. 그것은 고기냄새에 흘려 남의 집 담장 밑을 얼씬거리는 오빠나 영희의 배고픔과 차원이 다른 것이었다.

영희에게는 한 가지 소망이 있었다. 영희 친구 명희에게도 소망이 있었으나 그것과는 달랐다. 명희는 "사이다, 포도, 라면, 빵, 사과, 계란, 고기, 쌀밥, 김을 먹고 싶다"고 했다. 영희는 쌀밥과 계란을 원하지 않았다. 그런 꿈을 꾼다는 것은 가난하다는 것을 드러내는 일이었다. 난장이가 더 난장이처럼 보이는 일, 영희는 그런 것이 싫었다. 빵과 쌀밥을 꿈꾸었던 명희는 다방 종업원이 되고, 고속버스 안내양이 되고, 골프장 캐디가 되었다. 삶은 다 그런 거였다. 명희의 꿈은 너무 가난했다.

영희는 사이다, 포도가 먹고 싶기도 했지만, 그보다 '주머니가 달린 옷'을 입고 싶었다. 세라복이 아니어도 되었고, 이화여대 앞 양장점에서 맞춘 옷이 아니어도 되었다. 주머니에 딱히 넣을 것이 있었던 것은 아니었지만 그렇다고 주머니가 없는 것은 희망이 없는 것처럼 슬픈 일이었다. 영희는 엄마가 먹을 것도 넣어주지 못하고 돈도 주지 못하니까 주머니 없는 옷을 입히는 것이라고 생각했다. 주머니가 없는 옷을 입는 것은 비밀을 가지지 못하는 것처럼 쓸쓸했다.

비밀이란 아버지처럼 《일만 년 이후의 세계》라는 책을 읽고 났을 때 퍼지는 미소 같은 것이었다. 《일만 년 이후의 세계》는 도서관에도 없는 책이지만, 그럼에도 아버지는 읽었다. 아버지에게 책 읽기란 그런 것이었다. 영희에게 주머니 달린 옷이란 아버지가 책을 읽는 것과 같은 것이었다. 집도 없고, 주머니도 없고, 책도 없었지만 그럼에도 책은 빌려서 읽을 수 있었다. 책은 유일한 희망이었다. 아버지뿐만 아니라 오빠조차도 책에 매달렸다.

오빠는 공장에서 봉급을 타는 날이면 헌책방에서 책을 샀고, 그것으로도 모자라 인쇄소 기계에서 나오는 인쇄물에 쓰인 글자들을 보고 또 보았다. 세상은 딱 두 가지로 나눌 수 있었다. 난장이와 난장이 아닌 자. 그것은 견고한 삶의 구역이기도 했다. 영수와 영희는 난장이의 구역에서 빠져 나오기 위해서는 공부해야 했다. "무슨 책이든 손에 잡히는 대로 읽었고……내가 가져다 준 교정쇄를 동생들은 열심히 읽었다." 난장이 구역에 남아 있지 않으려면 책을 읽어야 했다. 아버지처럼 굴뚝에 올라가지 않으려면 사다리를 붙잡아야 했다. 책은 난장이 구역에서 벗어날 수 있는 사다리였다. 읽고 싶은 책을 모조리 읽고

싶었다. 《젊은 베르테르의 번민》도 읽고 싶었고, 《제인 에어》도 읽고
싶었다. 카뮈의 《이방인》도 보고 싶었다. 하지만 마음에 맞는 책을 손
에 쥐기란 쉽지 않았다.

품안의 도서관, 200원짜리 문고

오비이락일까. 1975년 2월 출판계에 일종의 블록버스터 급 사건이 벌
어진다. 100권짜리로 짜여진 200원 균일가의 삼중당문고가 발간된 것.
　일명 '교양의 도서관'[33]이라 했다. 1975년 학생 회수권이 25원이었
고 짜장면 한 그릇이 대개 150원이었다. '어쩌면 가질 수도' 있는 그런
책이었다. 뿐만 아니라 한두 권이 아니라 100권이 모두 200원이라고

200원 균일가로 소개된 삼중당문고의 광고.

했다. 학생이라면 버스를 타는 대신 여덟 번만 걷는다면 한 권의 책을 가질 수 있었다. 중고 책값보다 비싸지 않았고 무엇보다 '내 것'이었다. '내 책'으로 내 손에 쥘 수 있는 책이 200원이라니, 노력하면 얻을 수 있는 것이라니. 꿈만 같았다. 매일 찾아오는 할부장사의 외침을 못 들은 척하지 않아도 되었고, 그때마다 당황하던 엄마의 얼굴을 걱정스레 쳐다보지 않아도 되었다. 할부 가격만큼 마음의 부담이 없어도 되었다. 또, 각종 큰 책장이 있는 친구집에 눈치 보고 가지 않아도 되고, 마음에 남는 구절에 맘껏 줄을 칠 수도 있었다. 1966년 대통령은 '소비가 미덕인 풍요로운 사회'를 만들겠다고 했는데[34] 어찌 되었든 책을 내 것으로 만들 수 있었던 사정이 신기했다. 그래서 200원짜리 삼중당문고는 귀하고 반가웠다.

'교양' 운운하는 책들을 200원에 가질 수 있다는 것이 신기했다. 실은 1960년대 후반부터 을유문고 등 굵직한 출판사에서 문고본을 출간한 바 있다. 을유문고 외에도 서문문고에서도 "이제 우리도 적은 푼돈으로 세계적인 명저 명작을 마음대로 골라볼 수 있게 되었습니다"라고 하면서 '푼돈'으로 책을 가질 수 있다고 선전했다. 하지만 광고에서처럼 '푼돈'으로 살 수 있는 것은 몇 권의 책에 지나지 않았다. 서문문고는 1972년 문고본을 내놓기 시작하는데, 별 하나에 70원으로 책 가격을 매겼다. 별이 한 개 붙어 있으면 70원, 별이 두 개 붙어 있으면 140원이었지만 기대와 달리 대개 300원 내외의 책이 주종을 이뤘다. 을유문고도 문고본 시대의 막을 열었지만 300원으로 시작했다. 가격도 가격이지만 실은 장서용 책으로 어울릴 법한 어려운 책이 많았다. 을유문고나 서문문고의 '교양'은 대학생 이상을 겨냥하는 것처럼 보였다. 마치 사다리 꼭대기에 올라선 자들이 읽는 책 같았다.

1968년 '민족문화 중흥의 기틀로 고전읽기 운동'[35]으로 시작된 '자

	을유문고	서문문고	삼중당문고
1	한국의 문화	한국회화소사 *****	성웅 이순신
2	예술이란 무엇인가	황야의 늑대 ****	흙(상)
3	인생론	고독한 산책자의 몽상 ****	흙(하)
4	한국명인시선	멋진 신세계 ****	그리스 로마신화
5	혈의 누	이십세기의 의미 ****	햄릿
6	DH로렌스의 작품과 생애	가난한 사람들 ****	죄와 벌(상)
7	타골시선	실존철학이란 무엇인가 ****	죄와 벌(하)
8	소파수필선	주홍글씨 *****	님의침묵
9	정다운강	영문학사 *****	무녀도
10	김옥균전기	황혼의 이야기 ***	카인의 후예
11	세계의 종교	한국 사상사 (근간)	손자병법
12	서양의 미래	플로오베에르 단편집 **	노인과 바다
13	죽음과 희롱하는 사나이들	엘리어트 문학론 *****	좁은 문
14	자유론	모옴 단편집 ***	젊은 베르테르의 번민
15	스케치북	몽테에뉴 수상록 *****	삼국유사(상)
16	나의 형 헤밍웨이	킬리만자로의 눈 ****	삼국유사(하)
17	v. 울프의 작품과 생애	나의 세계관 ****	감자/배따라기
18	역사소설입문	춘희 ****	데미안
19	한국기인열전	불교의 진리 ****	페스트
20	부생육기	뷔뷔드몽빠르나스 **	이방인
21	지성인	한국인의 신화 (근간)	모옴단편선
22	논어	몰리에르 집 *****	진달래꽃
23	명심보감신역	새로운 사회	상록수
24	문화 대학 철학	체호프단편집	날개
25	동국세시기	西歐의 精神	부활(상)
26	사회심리학	대학시절	부활(하)
27	청년기	太初에 行動이 있었다	크리스마스캐럴
28	이조 명인 시선	젊은 未亡人	마농레스꼬
29	이상선집	미국문학사	안도산전
30	애국정신(외)	타이스	청록집

유교양경시대회'는 학년별로 선정된 고전을 읽었다. 여기에서 선정된 고전은 민족중흥의 역사적 사명을 띠고 읽어야 될 것처럼 일방적이었고 진부했다.[36] 자유교양은 '자유'와 관련이 없었고 '교양'과도 무관해 보였다.[37] 물론 각종 문고본이 1968년 이후 쏟아져 나오기 시작한 것은 '자유교양경시대회'와도 무관하지 않았다.

그럼에도 삼중당문고는 처음 발간될 때부터 학생들이 쉽게 읽을 만한 작품들을 골라 편집했다. "300만 학생의 여름 교과서. 방학 중 독후감 작성을 위한", "새 학기 독서 플랜은 이 목록으로", "즐거운 성탄절 보람찬 연말연시에 지혜로운 실용적 선물", "알찬 내용 값싼 정가의 대표적 문고"라는 광고문이 그러한 것처럼 삼중당문고는 십대 소년소녀를 포함하는 독자를 염두에 두고 있었다. '교양'이라는 말 대신 '지혜로운 실용'이나 '독서 플랜', 그리고 '나 혼자의 시간' 등의 광고 문구로 정신적 허기를 달랠 수 있는 마음의 양식이라는 점을 제시했다. 문화적 민주주의라고 누군가 얘기했지만 삼중당문고는 그렇게 어려운 느낌의 책이 아니었다.[38]

문학보다는 비문학이, 한국문학보다는 외국문학이 더 잘 팔린다는 통념[39]에도 불구하고 삼중당문고는 한국문학과 외국문학을 적절히 섞어서 출판했다. 손에 쥐고 다니는 문고본, 내용도 모르면서 읽는 책이라지만 그래도 '내 것'이라는 친근감이 있었다. 그래서 누군가는 "무엇인지 모르면서도 《파우스트》를 읽었다. 또 《논어》와 《맹자》도 독학했다. 휴일엔 삼중당문고를 주머니에 넣고 교외로 싸돌아다녔다"[40]고 했다. 삼중당문고 한 권을 가지고 있다는 것은 내가 누구이고 어떻게 살고 싶은지 드러내는 것이었다. 적어도 한 권 두 권 읽고 있다는 사실에 "급우들이 신기해"했고 그런 시선에 으쓱해할 수도 있었다. "쉬는 시간에 10분마다 속독"으로 읽고 "수업시간에 선생님 몰래"[41]

삼중당문고로 발간된 《주홍글자》, 《젊은베르테르의 번민》, 《아큐정전》(왼쪽부터).

읽어 내려간 삼중당문고는 앨리스의 토끼굴인 양 또 다른 세계에 빠져들 수 있는 구멍이기도 했다.

　내 몫의 책을 갖는다는 것, 그리고 한 권 한 권 내 손으로 사서 모은 책이라는 것은 바로 내 세상을 만드는 느낌이었다. 때로 교과서보다 더 그럴듯하다고 느끼기도 했다. 검은 제복을 입고 제식훈련으로 총을 드는 시간에도, 그리고 〈국기에 대한 맹세〉를 반 아이들이 한목소리 한몸으로 똑같이 따라 말할 때에도 《데미안》의 "새는 알에서 나오려고 투쟁한다. 알은 세계이다. 태어나려는 자는 하나의 세계를 깨뜨려야 한다. 새는 신에게로 날아간다. 신의 이름은 아프락사스이다"라는 구절을 맘속으로 되풀이하며 '나'의 변신을 꿈꾸었다. 아프락사스가 무엇인지 몰랐고, 데미안이라는 이름도 낯설었다. 그럼에도 그 단어들이 풍기는 강렬함에 책을 쥐었다. 뿐인가. "태양 때문에"를 외치는 카뮈의 소설 《이방인》의 주인공 뫼르소도 이해할 수 없었지만 그 낯선 얼굴이 제 안에 있는 것 마냥 응답했다. 또 가을이면 어김없이 릴케를 들먹이며 〈가을날〉의 "주여!"를 떠올렸던 것은 세계를 향해 목소리를 내고 싶은 마음에 다름 아니었다.

베르테르의 '번뇌', 헤스터의 '위반' 혹은 갈매기의 '꿈'

삼중당문고는 300여 권의 책이 있었지만 그냥 '삼중당문고'였다. 이를테면 삼중당문고 1번, 2번, 3번 하는 식으로 순서대로 읽어나가기도 했고, 읽고 싶은 책을 먼저 손에 쥐기도 했다.

삼중당문고 14번은 《젊은 베르테르의 번민》이다. 전태일이 가장 좋아했던 소설. 물론 그는 삼중당문고를 만나보지 못했다. 만약 살아 있었더라면 누구보다 삼중당문고를 반겼을 것이었다. 그래서 첫 번째 페이지에 쓰여 있던 "가련한 베르테르에 관한 이야기 중에서 찾아낼 수 있는 것만은 부지런히 주워 모았습니다"라는 글에서 눈동자가 멈추었을 것이다. "가련한 베르테르"라는 첫 문장부터 목이 꽉 막혔을 게 분명하기 때문이다. 혹여 "베르테르와 똑같은 마음의 충동을 갖게 되는 착한 그대의 마음이여"라는 문장까지 읽게 된다면 누구든 '착한 그대'와 자신을 일치시키는 데 주저하지 않았을 것이다. "베르테르와 똑같은 마음의 충동을 갖게 되는 착한 그대"가 바로 자신일 수도 있다는 마음은 술자리마다 울려 퍼지는 '약자들의 노랫말'과도 일면 닮아 있었다.

200년 전에 나와 같은 자가 있었고 그 이름이 베르테르였다는 것, 그리고 그가 번민으로 괴로워했다는 것이 힘이 되었다. 또 200년 전에도 지금 못지않게 신분차별이 심할 뿐 아니라 몇몇 돈 좀 있고 빽 좀 있는 축들은 그 차별을 부끄러워하기는커녕 마땅한 권리처럼 굴어서 베르테르가 더 견뎌내기 어려웠다고 하는 것도 이해가 되었다. 그래서 베르테르를 이해할 수 있었다. 그런데 책 뒤에 실린 평문에서는 "쉬프트 운트 드럼[슈투름 운트 드랑]"이라 하지를 않나, 기막힌 '연애소설'이라고 하지를 않나, 심지어 청년기에 흔한 '질풍노도'의 감수성이라고 않나, 베르테르의 행동을 한때의 열정 정도로 얘기했다. 틀린 얘기는 아니었지만 마음에 닿지 않았다. 아마 이 글을 쓴 평론가는 베르테르가 되어 본 적이 없는 사람 같았다. "친구의 약혼자를 연모하다 번민 끝에 죽음으로 사랑을 청산한 베르테르의 초상"이라는 삼중당문고의 광고는 틀리지는 않지만 딱히 맞는 말도 아니었다.

그렇거나 말거나 베르테르가 품었던 뜨거웠던 그 마음에 독자들은 감응했다. 누구든지 베르테르처럼 내 말을 곡해 없이 받아주는 '벗'이 있었으면 했고, 온 영혼을 바칠 수 있는 사랑을 전할 상대가 있었으면 했다. '젊다는 것', 그것은 아무것도 가지지 못했다는 뜻이었다. 젊다는 것이 '번민'의 이유였다. 그러므로 '베르테르'를 대신해서 '젊은 태일의 번민'이라 해도 좋았고 '젊은 영수의 슬픔'이라고 해도 괜찮을 듯싶었다. 젊다는 것은 아직 자리가 없다는 뜻이었다.

삼중당문고 49번 《주홍글자》, 가슴 한 가운데에 주홍글자 A를 단 헤스터의 이야기. 수치스러운 존재이자 간통한 여자, 그래서 마을 안에 있지만 실은 없어야 하는 존재였다. 거꾸로 말하자면 '없는' 존재였지만 실은 분명히 '있는' 존재의 이야기였다. 여학생들이 많이 읽는 소설이라고 했지만, 그보다 《폭풍의 언덕》이나 《제인 에어》가 더 자주 인구에 회자되었다.

사실 《폭풍의 언덕》이 당시 인기가 높았다. 핍박받고 학대받은 히스클리프의 이야기가 한국의 관객들을 자극했다. 히스클리프가 있었던 리버풀 거리가 그러했던 것처럼 당시 서울 거리에는 무작정 상경한 소년들로 넘쳐났고 전쟁고아도 적지 않았다. 또 그런 사정이 아니더라도 〈이별의 부산정거장〉이 구슬프게 불리던 시절이었다. 그 뜨겁게 사무친 정념이 '워더링 하이츠'의 거센 바람과 다르지 않다는 것을 알았다. 그래서였을까. 바로 다음 해 1960년 명보극장에는 한국판 〈폭풍의 언덕〉이 나붙었다. "끝내 이루지 못한 사랑은 넋이 되어 찾아 헤매이는 비연의 눈보라 고개"로 소개되었고, 연일 신문광고에 로렌스 올리비에의 얼굴이 아니라 김지미의 얼굴이 보였다. 1973년에는 TV연속극으로 제작되기도 했다. 그만큼 《폭풍의 언덕》은 해방 이후 학생들이 즐겨 읽던 필독서였고, 그렇게 손에 잡지 않더라도 TV와 라디오 그리고 영화관에서 접하기 쉬운 한국의 이야기였다. 대한민국에서 《폭풍의 언덕》은 거센 바람 속에서도 잊을 수 없는 사랑, 그렇게 한 많은 사연을 간직한 이들의 심금을 울렸던 뜨거운 이야기였다.

이에 반해 《주홍글자》는 한 번의 실수가 평생 낙인으로 남을 수 있다는 메시지를 전하는 맥락에서 자주 인용되었다. 그렇게 《주홍글자》는 전과자의 처지를 빗대거나 간음을 경고하는 자리에서나 불려나오는 안주거리였다. 그런데 사실 책을 읽다 보면 헤스터가 그렇게 나쁘지 않다는 사실이 더 놀라웠다. 헤스터는 간음한 여자였지만 소설을 읽는 내내 기품 있는 주인공처럼 등장했다. 마을에서 필요한 바느질을 누구보다 잘 하는 여자, 맵시 있게 바느질을 할 줄 아는 여자, 그럼에도 "많은 시간을 가난한 사람들의 마구잡이 옷을 만드는 데"[42] 할애하는 흔치 않은 여자, 어떤 특권에도 관심을 두지 않았으나 오로지 딸펄의 끼니만은 극진하게 생각하는 여자로 그려졌다. 헤스터는 살림이 넉넉지 못해 제때 밥을 먹지 못하는 이웃에게 먹거리를 놓아두었으며, 솜씨 좋게 만든 옷을 아끼지 않고 나누어 주었다. 그럼에도 사람들은 헤스터를 가까이하지 않았다.

주홍글자 A는 어쩌면 '간음'의 첫 글자가 아닐지도 몰랐지만 사람들은 '간음'의 약자로만 읽었다. 1970년대 법은 점점 더 무서워지고 있었기 때문이다. 법 밖에 놓인 헤스터가 어떻게 법 이상의 것을 말하는 존재인지 말하기 쉽지 않았다. 1972년 10월 한국은 초헌법적 질서가 수립되었다. 이른바 유신체제라 했다. 《주홍글자》는 점점 더 애매해져 갔다. 헤스터를 통해 법을 넘어서는 또 다른 질서가 어떻게 도래하는지 묻는 것은 아무래도 무리가 따랐다. 때문에 1975년 나온《주홍글자》의 부록에서는 헤스터에게 악마적인 요소가 있다고 했다. 아마도 그 이상의 것을 읽어내기는 어려웠을 것이다.[43]

삼중당문고 106번《아큐정전》, 루쉰의 책이다. 1974년《전환시대의 논리》를 쓴 리영희 교수가 좋아하던 작가였다. 리영희는 루쉰의 사유를 끌고 오는 일이 많았다.《국어》교과서에 빠지지 않고 실리던 이광수 대신 루쉰의 사유를 먼저 이야기했고 루쉰을 통해 깨어 있는 자유인의 상태를 강조했다. 이를테면 리영희는 루쉰이 언급한 철방의 상황, 다시 말해 누구도 빠져 나올 수 없는 철창에 갇혀 있을 때 그대로 머물 것인가 부수고 나올 것인가, 라고 누군가 물었다고 하자. 루쉰은 답을 하는 대신 질문을 수정했다. 중요한 것은 철로 된 방에 머물 것인지 부술 것인지 하는 문제가 아니라 철방이든 혹은 그 밖에서든 자

유인으로 머물 것인지 노예로 남을 것인지 묻는 것이라고 했다.[44]

그런 점에서 보자면《아큐정전》속 '아큐'의 정신승리법은 자유인을 가장한 노예의 처세술이었다. '아큐'에게도 특기가 있긴 했다. 인간 이하의 취급을 받거나 부당한 대우를 받을 때 '네까짓 것들이' 하고 분노하는 척하지만 잠시 뒤에 자신이 더 나은 존재라고 위안하며 분노조차 지워버리는 자기합리화, 정신승리법의 달인이었다. 아니 좀 더 엄밀히 말해 대응능력을 상실한 노예였다. 그가 할 수 있는 유일한 방어는 뻔뻔함으로 얼굴을 가리는 것이었다. 뻔뻔함은 소통하지 못하는 자들의 얼굴이었다. 리영희가 좋아했던《아큐정전》, 그 속에서 읽어야할 것은 분명했다. '아큐적인 것'과의 단절이다. 무능과 두려움에서 빠져 나올 방법을 모르는 아큐의 상태를 던져버리는 것이 필요했다.

삼중당문고 187번《갈매기 조나단》. 최인호의 소설《바보들의 행진》에서 병태가 주머니에 꽂고 다녔을 것만 같은 책, 읽었을지 안 읽었을지 구분이 안 가는 책, 책은 병태가 가지고 다니지만 영철이 읽었을 것 같은 책. 당시 유행하던 노래 중에 "학교 앞에 책방은 하나요 대폿집은 열이오. 이것이 우리 대학가래요. 학교 앞에 책방은 하나요 양장점은 열이오. 이것 정말 되겠습니까"[45]라고 했는데 그래서 어쩐지 안 읽고 들고만 다녔을 것 같은 책. 하지만 그들이 읽었든 안 읽었든 영철은 시시때때로 꿈을 이야기하는 자리마다 "고래 잡으러 떠날 거야"라고 말하는데 결국 갈매기가 날아다니는 바닷가로 향하며 끔찍한 결말이 상상돼 섬찟했던 책. 자유롭게 나는 갈매기 조나단을 영철이 어떻게 생각하는지 물어보고 싶었던 책, 마지막에 갈매기가 등장해서 영철이 결국에 바닷가에 갔다는 사실을 알려주기도 한 책이다. 그는 그래서 결국 바다를 가로질러 날아갔다. 남들은 죽었다고 했지만 그가 간 곳은 또다시 바다였다.

삼중당문고는 돈이 없어도 그리고 나이가 어려도 가질 수 있는 책
이었다. 내 몫의 책이었고 내 몫의 언어를 흉내 낼 수 있는 거울이었
다. 주머니에서, 그리고 책가방이나 손아귀에서 삼중당문고를 놓지
못한 것은 베르테르의 번뇌이거나, 헤스터의 위반, 혹은 갈매기의 꿈
같은 것이었다.

'태일'의
책 읽기

"독서가 취미"라고 말하는 한 청년이 있었다. 취미란에 '독서'라고 쓰는 것은 흔하디흔한 일이었다. 한마디로 평범한 청년이었다. 청년은 날이 춥던 어느 겨울밤, 밤새 잠을 이루지 못하며 뒤척였다. 정확히 말해 1967년 2월 20일[46]이었다. 아직 추위가 가시지 않은 겨울의 끝자락, 아침 벽두부터 밥도 먹지 않은 채 곤로와 바지를 챙겼다. 곤로 900원, 바지 280원. 몇 번이고 이 가격을 입안에서 주워 삼켰다. 고물상에서 부른 가격은 380원. 채 반값이 못 되었다.

밥보다 더 급한 게 따로 있었다. 《중학1》. 380원을 손에 꼭 쥐고 학원사 2층으로 달려 갔다. 중고등 통신강의록 《중학1》이 150원이라고 했다. 《중학1》을 냉큼 집어들었다. 그리고 10원짜리 노트 1권, 30원짜리 국수 한 그릇을 해치웠다. 그러고 나니 채 200원도 남지 않았다. 그래서 결심했다. 3일간 금식하자. '남들도 다 하는데 나라고 못할 리가 어디 있어', 나한테도 '희망'이라는 게 있다. 책을 손에 쥐었으니 3일 굶는 것은 문제가 아니었다. 강의록 첫 장에도 "배워야 산다"고 쓰여 있었다. '그래, 배워서 인간답게 살자.'

배워야 산다, 《중학1》

1967년 19세의 이 청년은 인간답게 살고 싶었다. 그러기 위해 필요한 것이 배움이라는 것을 알았다. 이 사회에서 살아남을 수 있는 유일한 방법이 '배움'이라는 것은 삼척동자도 알았다. "나에게 배움을 빼고

1960년대 발간된 중학 검정고시 자습서.

나면 아무것도 없다"고 알고 있었다. 그래서 남들처럼 살기 위해 선택할 수 있는 것은 '학교'와 '입시'뿐이라고 생각했다. 적어도 남들처럼만 살고 싶다고 생각할 때 최소한의 마지노선이 '학교'를 다니는 것이었지만 그럴 형편이 아니었다. 그래서 바지와 곤로를 팔아 검정고시를 보기 위해 통신강의 교재《중학1》을 샀다. 당시 통신강의록은 중학교에서 배우는 과목들을 요약해 놓은 자습서로 국어 영어 수학 사회 과학 등이 실려 있었다. 이 청년의 이름은 전태일이다.

태일은 이렇게 비장하게 다짐했지만 책을 볼 시간이 없었다. 아침 8시부터 밤 11시까지 하루 15시간을 칼질과 다림질을 해대니, 허리가 결리고 손바닥이 부르트고 온몸이 쑤셔왔다. 재단사, 보조, 시아게 등

이 할 일을 혼자 해내야 하니 '정말 죽고 싶다'는 생각뿐이었다.[47]

19세 청년 태일이 졸린 눈을 부릅뜨고 읽고자 했던 《중학1》은 사실 제대로 읽어보지도 못했다. "정말 외롭고 고독했다"고 느꼈다. 빠져 나갈 방법이 없었다. 태일은 이렇게 홀로 밤을 지새울 때마다 일기장 한 귀퉁이에 빼곡히 썼다. "산산이 부서진 이름이여/ 허공 중에 헤어진 이름이여/ 불러도 주인 없는 이름이여/ 부르다가 내가 죽을 이름이여." 태일은 김소월을 좋아했다. 일기장에 소월의 시 몇 편을 써보았다. "산산이 부서진 이름이여", "부르다가 내가 죽을 이름이여"라는 〈초혼〉의 구절은 모두 자신의 얘기 같았다. 누구를 부르는 시가 아니라 바로 자신의 생명줄을 부여잡은 채 부르는 노래 같았다.

《중학1》을 손에 쥐었지만 생각만큼 쉽지 않았다. 책 읽고 공부하며 살아갈 수 없었다. 책을 놓고 싶지 않았지만 놓아야만 했다. 먹을 것을 반납하고 선택한 일이었지만 재단사의 삶으로는 어려웠다. '포기'라는 말은 사치였다. 포기가 아니라 정지였고 불가능이었다. 배움을 통해 사회로 나아가고자 했지만, 그렇게 〈국민교육헌장〉을 달달 외우는 '국민'으로 거듭나고 싶었지만 남들처럼 산다는 게 쉽지 않았다. 배움을 포기한다는 것은 삶의 희망이 없는 것만큼 끔찍했다. 그렇다고 그 낙담을 오래 끌 수 없었다. 그러던 어느 날 배움이 아니더라도 제대로 살 수 있는 방법이 있다는 것을 알게 되었다. 근로기준법과 만나게 된 것이다.

태일은 아버지와 얘기하다가 근로기준법에 대해 알게 된다.[48] 우리를 인간답게 지켜줄 법이 있다는 사실이 놀라웠다. 사회로 나아가는 또 다른 방법을 발견한 것, 내가 다른 인간들처럼 배움을 통해 나아가리라 했지만 다른 방법이 없는 게 아니었다. 나 자신을 바꾸지 않은 채 있는 그대로의 삶으로 인간답게 대우받을 수 있는 방법을 담은 책

1965년 발간된 김소월 시집. 속지에까지 그림을 그려 넣는 등
서정시집에 걸맞게 편집되어 있는 게 인상적이다.

이 있다는 것을 알게 되었다. 아버지 전상수는 대구방직 총파업 당시
파업에 열성적으로 가담하면서 근로기준법에 대해 알게 되었다. 그러
나 근로기준법의 현실적 효력에 대해서는 믿지 않으며 오히려 전태일
이 책에 대해 관심 갖는 것조차 좋아하지 않았다. '노동운동을 하면
화를 입게 된다'는 생각이 분명했기 때문이다. 아버지의 강력한 만류
에도 불구하고 전태일은 근로자의 생활을 보장할 수 있는 '법'이 있다
는 생각에 몰두했다. '배움'이라는 사다리가 없어도 더 나아질 수 있
다는 유일한 가능성이었기 때문이다.[49]

길을 찾다, 《근로기준법 해설서》

그는 이 법의 존재를 안 후 급격하게 변하게 된다. '배움'이 아니더라도 삶을 지속해낼 수 있는 가능성을 '법'에서 엿보았기 때문이다. 그에게 근로기준법이란 배우지 않아도 삶을 지속시켜낼 수 있는 희망, 다시 말해 현재적 생활을 포기하지 않은 채로 그대로 살아갈 수 있으리라는 희망이었다. 그런데 책 한 권이 2,700원이었다. 1970년 '브라보 콘'이 50원, 짜장면 50원, 도매가격으로 쌀보리 80kg 한 가마가 2,700원이었다. 탐내기 어려운 비싼 책이었다.

바보회가 창립된 지 얼마 후 그는 어머니에게 빚을 내어 책 한 권을 사달라고 졸랐다. 어느 노동법학자가 쓴 근로기준법 해설서였다. 정가는 2,700원이었는데 어머니한테는 엄청난 액수였다. 달가운 일은 아니었지만 아들이 하도 간절하게 부탁하는 바람에 동네 사람들에게 며칠에 걸쳐 1,000원씩 500원씩 빚을 얻어 3,000원을 마련해 주었다. 그날 저녁 시내에 나가 책을 사들고 들어온 태일은 그렇게 좋아할 수가 없었다. 그때까지 그는 근로기준법의 딱딱하고 알기 어려운 조문들만 가지고 씨름해왔지 그 내용을 풀이한 책을 못 보았다. 그날 이후로 그는 시간만 나면 그 책을 읽고 또 읽었다. 원래 그 책은 법학을 전공하는 대학생들을 상대로 쓰인 것이었다. 그런데 학력이라고는 국민학교 과정과 중등 정도의 공민학교를 포함해 3년 남짓 다닌 것밖에 없는 태일이 그 대학교재를 붙들고 씨름하자니 여간 어려운 일이 아니었다. 몇 페이지만 넘겨도 전문적인 법학 개념과 법률용어들이 수두룩하게 나오니 답답하기 짝이 없었다. 어지간한 사람이었다면 몇 장 읽다가 책을 덮고 말았을 것이다. 그러나 태일은 하룻밤을 꼬박 새워 한 장밖에 못 보는 한이 있더라도 책을 놓지 않았다. 이때부터 그는 "대학생 친구가 하나 있었으면 원이 없겠다"는 말을 입버릇처럼 하게 되었다.[50]

태일은 어머니에게 부탁했다. 어머니도 이 돈을 마련하는 것은 쉽지 않았다. 이 집 저 집 500원, 1,000원씩 빌려 책값을 마련했다.[51] 그렇게 해서 근로기준법 해설서 한 권을 샀다. 이 책은 인간으로 대접받을 수 있는 통로, 비밀의 문이었다. 지금까지 다가가 본 적이 없는 '법의 문'일지도 몰랐다. 하지만 《근로기준법 해설서》는 생각만큼 만만치 않았다. '은' '는' '이' '가' 등의 토씨를 제외하고는 온통 한자로 쓰인데다가 옥편을 찾고 음을 찾아 넣었지만 무슨 말인지 쉽게 이해되지 않았다. 처음으로 대학생 친구가 있었으면 했다. 매일매일 들려오는 시위대 함성 속의 대학생, 그 대학생이라면 이 정도는 알려줄 수 있을 텐데. 〈바보들의 행진〉에서 단속경찰 왈 흔한 게 대학생이라고 말했지만, 대학생이 흔하다는 것과 대학생 친구가 흔하다는 것은 전적으로 다른 말이었다.

태일의 나이 19세, 나이는 어리지만 성인이었다. 그럼에도 아직 '난장이'인 채로 "그들에게만 법이 있다"[52]는 현실의 이치를 알지 못했다. 법이 '그들' 편이라는 사실을 알지 못했고, 그것은 알고 있다는 말로 설명될 수 있는 문제가 아니었다. '그들'에게 있는 법은 내게도 있어야 된다고 생각했다. '법'이지 않은가.

근로기준법 42조 "근로시간은 휴식시간을 제하고 1일 8시간, 1주일에 48시간을 기준으로 한다. 단, 당사자 간 합의에 의하여 1주일에 60시간을 한도로 한다"는 규정을 보았다. 또 52조 여공에 대한 월 1일의 유급 생리휴가 규정과, 56조 여자와 18세 미만 근로자에 관한 야간작업 금지 규정 등은 평화시장의 현실과 너무도 달랐다. '사바사바'가 통하고 가짜와 사쿠라가 판치는 세상이라고 하지만, 법은 다른 세상이 가능하다고 말하고 있었다.

태일은 평화시장에서 '바보회'라는 모임을 꾸려 〈평화시장 근로조건 실태조사 설문지〉를 함께 만들어 돌렸다. 총 13개 항목으로 작성했다. 그중 첫 번째 항목이 "1개월에 며칠을 쉽니까", 두 번째 항목은 "1개월에 며칠을 쉬기를 희망합니까"이다. 태일은 이에 대해 한 달에 이틀을 쉬지만 일요일마다 쉬었으면 좋겠다고 답변했다. 그리고 점심시간을 제외하고 하루 8시간을 근무하고 싶다고 답변하고 자신의 건강상태에 대해 "A. 신경통, B. 식사를 못한다, C. 신경성 위장병, E. 눈에 이상이 있다(날씨가 좋은 날은 눈을 똑바로 뜨지 못하고 눈을 바로 뜨려면 정상이 아니다)"라고 적었다. 이 설문지가 보여주는 것은 근로기준법과 정반대의 모습이었다. 기준과 다른 노동시간, 그리고 그 시간은 '공장주가 강요한 것'으로 더 이상 버틸 수 없을 정도로 건강을 해치는 것이라는 얘기였다. 조금은 더 노력할 수도 있었으나 사는 것 자체가 늘 아슬아슬해서 조금만 더 나아지고 싶었다.

사실 전태일은 8시간이나 48시간 같은 숫자 그 자체보다 '법'이 있다는 것이 더 반가웠다. 청계천 시장의 작업장은 이 숫자들과 거리가 멀었다. 봉제공장 시다는 어린 소녀들이었는데 피를 토하고 쓰러졌고 끼니를 거르는 것도 허다했다. 태일이 처음 시다로 들어갔을 때 1개월에 1,500원이었다. 물론 대개의 시다들이 3,000원을 받는다고 했다.[53] 하루 보통 작업시간은 평균 오전 8시부터 오후 9시까지이며, 1개월에 쉬는 날은 딱 이틀, 첫 주와 셋째 주 휴일 딱 2일뿐이었다. 그래서 태일은 〈평화시장 피복제품상 종업원 근로조건 진정서〉에 종업원의 직종과 평균임금, 1일 작업시간 등을 적어 놓았다. 이 진정서 한

페이지를 빼곡하게 채운 것은 "기준법을 지켜라"라는 내용이었다.

이렇게 작성한 진정서를 들고 근로감독관을 찾아가서 놓고 왔으나 근로감독관은 확인도 물어보지도 않았다. 그래서 다시 노동청을 찾아갔다. 실태조사를 나왔으나 마찬가지였다. 유일하게 변한 것은 태일이 일자리를 잃었다는 사실뿐이었다.

태일은 공장에서 쫓겨난 후 막노동판을 전전했다. 하루는 막노동판에 출근하기 위해 버스를 탔는데 버스 안이 콩나물시루 같았다. 다들 비명을 지를 것 같은 얼굴이었지만 아무도 소리 내지 않았다. 버스가 고무풍선처럼 부푸는 악몽이 자꾸자꾸 떠올랐지만 그것도 그뿐이었다. 사람들이 참는 것인지 버스가 부푸는 것인지 의심스러웠다. 버스에 100명도 더 탔다고 느꼈을 무렵, 앞에 가는 트럭 속에 있는 젖소를 보았다. 트럭에 실려 있는, 아니 타고 있는 젖소는 모두 5마리. 늠름해 보였다. 5마리와 100명이 자꾸 비교되는 것은 어쩔 수 없었다. 어쩌면 악몽은 버스가 부풀지도 모른다는 게 아니라 인간이 100명이라는 사실에 있을지도 몰랐다. 우리도 인간이다, 라는 말이 아무데서나 자꾸자꾸 치밀어올랐다.

건설 현장에서 태일이 했던 일은 말 그대로 '삽질'의 막노동이었다. 태일은 일하다 말고 열무김치 밥상을 떠올렸다. 신물이 날 징도로 진절머리가 났던 밥상인데 허기진 배로 일하자니 먹는 생각만 났다. 다행히 십 원짜리 삼립빵 두 개가 간식으로 나와서 허겁지겁 먹어치웠는데, 어느 누구도 맛있게 먹었는지 묻지 않았다. 사실, 처음 이곳에서 일하게 되었을 때에도 이름을 물어보는 사람이 없었다. 그가 누구인지 또 몇 살인지 묻지 않았다. 태일은 그게 자꾸 인간답지 않은 인간이라서, 아니 인간으로 대접받지 못하는 직장이라서 그런 것만 같다는 생각이 들었다. 버스를 타면서도, 간식을 먹으면서도, 누군가 자기 이름을 부르지 않는 상황은 평화시장의 악몽처럼 반복되었다.

존경하시는 대통령 각하

옥체 안녕하시옵니까? 저는 제품 계통에 종사하는 재단사입니다. 각하께선 저희들의 생명의 원천이십니다. 혁명 후 오늘날까지 저들은 각하께서 이루신 모든 실제를 높이 존경합니다. 그리고 앞으로도 길이길이 존경할 겁니다. 삼선계현(삼선개헌)에 관하여 저들이 아직 못하는 참으로 깊은 희생을 각하께선 마침내 행하심을 머리 숙여 은미합니다. 끝까지 인내와 현명하신 용기는 또 한번 밝(밝)아오는 대한민국의 무거운 십자가를 국민들은 존경과 신뢰로 각하께 드릴 것입니다.

저는 서울특별시 성북구 쌍문동 208번지 2통 5반에 거주하는 22살된 청년입니다. 직업은 의류계통의 재단사로서 5년의 경력을 가지고 있습니다. 저의 직장은 시내 동대문구 평화시장으로써 의류전문 계통으로썬 동양 최대를 자랑하는 것으로 종업원은 2만여 명이 됩니다. 큰 맘모스 건물 4동에 분류되어 작업을 합니다. 그러나 기업주가 여러 분인 것이 문제입니다만 한 공장에 평균 30여 명은 됩니다. 근로기준법에 해당되는 기업체임을 잘 압니다. 그러나 저희들은 근로기준법을 조금도 못 받으며 더구나 2만여 명이 넘는 종업원의 90% 이상이 평균 연령 18세의 여성입니다. 기준법이 없다고 하더라도 인간으로서 어떻게 여자에게 하루 15시간의 작업을 강요합니까? 미싱사의 노동이라면 모든 노동 중에서 제일 힘든 노동으로 여성들은 견뎌내지를 못합니다. 또한 2만 여 명 중 40%를 차지하는 시다공들은 평균 연령 15세의 어린이들로써 육체적으로 정신적으로 성장기에 있는 이들은 회복할 수 없는 결정적이고 치명적인 타격인 것을 부인할 수 없습니다. 전부가 다 영세민의 자녀들로서 굶주림과 어려운 현실을 이기려고 하루에 90원내지 100원의 급료를 받으며 1일 16시간의 작업을 합니다. 사회는 이 착하고 깨끗한 동심에게 너무나 모질고 메마른 면만을 보입니다. 저는 여기에서 각하께 간구하지 않을 수 없습니다.

저 착하디착하고 깨끗한 동심들을 좀 더 상하기 전에 보호하십시오. 근로기준법에선 동심들의 보호를 성문화하였지만 왜 지키지를 못합니까?……한 공장의 30여 명 직공 중에서 겨우 2명이나 3명 정도를 평화시장주식회사가 지정하는 병원에서 형식상의 진단을 마칩니다. X레이 촬영 시에는 필름도 없는 촬영을 하며 아무런 사후 지시나 대책이 없습니다. 1인당 300원의 진단료를 기업주가 부담하기 때문입니까? 아니면 전부가 건강하기 때문입니까? 나라의 경제발전을 위해서는 어쩔 수 없는 실태입니까? 하루 속히 신체적으로 정신적으로 약한 여공들을 보호하십시오. 최소한 당사자들의 건강에 영향을 끼치지 않는 정도로 만족한 순진한 동심들입니다. 각하께선 국부이십니다. 곳 저희들의 아버님이십니다. 소자된 도리로써 아픈 곳을 알려드립니다. 소자의 아픈 곳을 고쳐주십시오. 아픈 것을 알리지도 않고 아버님을 원망한다면 도리에 틀린 일입니다…… 1969.12/19[54]

태일의 나이 21세, 박정희 대통령께 편지를 썼다. "잘 살아보세"가 울려 퍼지는 대한민국, "각하께서 이루신 모든 것"을 존경한다고 썼다. 하루 15시간 노동으로 청춘을 다 바치고 있는 그이지만 "각하께서 이루신 모든 것"을 존경한다고 썼다. 자식이 아픈 곳이 있으면 아버지께 말씀드려야 마땅하고 자식이 위험에 처하면 얘기하는 것이 옳은 일이라고 썼다. 편지쓰기의 격식에 어긋나지 않게 쓰려고 했다. 편지 속에 쓰인 말은 근로감독관의 태도처럼 매끄러웠다. 그래야 한다고 생각했다. 하지만 마음은 매끄럽지 않았다. "나라의 경제발전을 위해서는 어쩔 수 없는 실태입니까"라고 물었지만 답을 원한 것은 아니었다. 물론 구구절절 속내를 이야기했던 편지는 부치지 않았다. 근로감독관이, 그리고 노동청이 어떻게 했는지 두 눈으로 목도했기 때문이었다. 할 수 있는 게 없었다.

들립니까 들립니까 들립니까

베르테르도 그러했을까. 차별과 속물근성이 넘쳐나는 관료 사회 속에서 그가 편지를 쓴 이유는 무엇이었을까. 자기 말을 고스란히 담아내고 싶었을까. 그에게 일기장은 벌거벗은 임금이 벌거벗었다는 사실을 소리 내어서 얘기할 수 있는 '대나무숲'이었을까. 그런데 그는 왜 죽었을까.

'젊은 베르테르의 번민', 그 번민이 알 듯 말 듯하기도 했지만 마음속에 쿡 그대로 박히고 말았다. 순간 태일 자신이 베르테르가 된 것 같았다. 《젊은 베르테르의 슬픔》의 한 단락 정도를 그대로 필사했다. 그리고 베르테르처럼, 마치 내가 베르테르가 된 것처럼 그렇게 쑥 말이 뽑아져 나왔다. 베르테르처럼, "친구여"로 시작하는 글을 그래서 쓰고야 만다.

친구여 나를 아는 모든 나여, 부탁이 있네. 나를 지금 이 순간의 나를, 영원히 기억해주기 바라네. 그러면 뇌성번개가 천지를 무너뜨려도 하늘이 바닥이 빠져도 나는 두렵지 않을 걸세. 그 순간 무엇이 두

1960년대 발간된 《젊은 베르테르의 슬픔》 의 속표지. 서문에 "베르테르와 마찬가지로 안타까움을 느끼고 있는 당신이야말로 그의 번민에서 위로를 찾아주기 바란다. 그리고 짓궂은 운명 탓으로, 또는 당신 자신의 불찰 탓으로, 정다운 친구를 발견하지 못할 때에는 이 작은 책을 벗으로 삼아주기 바란다"라고 쓰여 있다.

려워야 된단 말인가. 도리어 평온해야 될 걸세. 조금이라도 두려움을 가진다면 나는 나를 버릴 걸세. 완전한 형태의 안정을 요구하네. 순간, 그 순간만이 중요한 거야. 그 순간이 지나면 그 후론 거짓이 존재하지 않네. 그 후론 아주 완전한 白일세. 그 순간은 영원토록 존재하는 거니까. 전후는 염려 없네. 그리고 그 순간은 향기를 발하는 백합의 오후였다고 이야기를 나누게. 그리고 내 자리는 항상 마련하여 주게. 부탁일세. 테이블 중간이면 더욱 만족하겠네. 그럼 이만 작별을 고하네. 안녕하게. 아 너는 나의 나다. 친구여 만족하네. 안녕.[55]

"친구여 나를 아는 모든 나여 부탁이 있네"로 시작하는 글. 베르테르처럼 친구를 부르고, 그에게 의지해서 하고 싶은 말을 써놓고 나니 왠지 서글퍼지기도 했다. "그럼 이만 작별을 고하네"라는 말까지 써놓고 나니 태일은 마치 베르테르가 된 것 같기도 했으나 더 분명하게 자기 얘기를 써봐야겠다고 생각했다.

그래서 부산시 서면에 살았던 어린 시절부터 앨범을 들춰보는 것처럼 하나씩 기록해 보았다.[56] 마치 회고록처럼 하나씩 실타래를 풀어 써나갔다.[57] 자신이 어떻게 태어나고 자랐는지 어린 동생을 업고 서울에 올라와서 고생한 사건까지 마치 한 편의 자서전을 쓰는 것처럼 자세하게 서술했다. 《전태일 평전》에서 익히 보던 전태일의 어린 시절 기록은 바로 이 회고수기 속에서 등장하는 것이다.

그가 이 수기의 서두에서 제일 처음 묻고 있는 것은 "나는 왜 언제나 이렇게 배가 고파야 하고 항상 괴로운 마음과 몸 그리고 떨어진 신발에, 남이 입다 버려 때 뭉치인 계절에 맞지 않는 옷을 입어야 할까"[58]라는 물음이었다. 왜 자신이 이렇게 배가 고프고 떨어진 신발을 신으며 괴로운 마음으로 살아가야 하는지를 물었다. 이 과정에서 자신을 '소년'으로 객관화한 뒤 "우리는 이 어린 소년이 왜? 이런 상태에 처하게 되었는가를 알아볼 필요가 있다"고 말했다. 그래서 수기임에도 해방 이후 '소년들'의 삶의 파노라마를 보는 것과 같은 느낌이 들었다. 태일은 '내가 어떻게 살아왔고', '왜 이렇게 고통스럽게 살아가야 하는지' 물으며 수기를 썼다. 그러나 이 수기를 거의 다 썼지만 앞으로 어떻게 살아가야 하는지 알 수 없었다. 태일이 확인하고 싶었던 것은 삶이 어떻게 굴러갈 것인지 하는 문제였다. 그래서 그는 고심 끝에 결말을 상상할 수 있는 '소설'을 쓰기로 맘먹는다. 수기와 달리 소설은 미래의 결말을 상상할 수 있는 이야기가 아닌가. 전태일은 1969년 11월부터 1970년 4월까지 소설 3편을 초안으로 작성한다.

가장 먼저 쓴 소설은 〈가시밭길〉이었다. 한 법학도가 사랑하는 여자가 있음에도 법이 시정되기를 바라며 자살하는 이야기이다. 주인공 법대생 김준오 군은 전쟁고아로 불우하게 살다가 법이 시정되기를 바라며 자살하지만 결국 기사화되지 못한다. 심지어 그의 죽음에 대해 "원래 심장병이 있다"는 의사의 왜곡된 소견만이 덧붙을 뿐이었다. 한 개인의 진실이 묻혀버리는 비정한 사회구조가 드러나는 얘기였다.

두 번째 소설도 비슷했다. 〈어쩔 수 없는 막다른 길에서〉라는 소설인데, 특징적인 것은 소설이론서 내용이 앞부분에 인용되었다는 점이다. 소설 구성을 어떻게 해야 하는지, '성격'은 무엇이고, '독해 요령'이 무엇인지까지 자세히 인용해 놓고 있다. 아마도 소설에 대한 책을 찾아보면서 도움 될 만한 부분을 그대로 옮겨 적어 놓은 것으로 보였다. 그래서 다른 소설과 다르게 15개의 단락으로 스토리가 정리되어 있다. 소설에 대한 이해가 생기면서 완결된 서술구조가 한눈에 보이게 된 것도 특징이다. 두 번째 소설은 결말이 다소 희망적이다. 소설에서 주인공은 누군가의 거짓 모함으로 인해 사형을 언도받지만 '주인공 직장관계 친우 바보회 회원'들과 여주인공 '숙'의 도움으로 결국에는 무죄 판결을 받게 된다. 마치 전태일 자신의 실제 이야기를 고스란히 담아 놓은 것 같은 소설이다. 세 번째 소설은 두 번째의 소설보다 더 분명하게 주제를 드러낸다. '현 세대의 사회성과 기성세대의 경제관념. 그리고 현실적으로 행해지고 있는 기성세대의 경제관념에 반항하는 청년의 몸부림'으로 요약하면서 글의 주제를 분명히 제시한다.

때: 69년 3월 16일부터~현재까지

곳: 서울시내 전역

주제: 자유와 방종……현 세대의 사회성과 기성세대의 경제관념. 그리

고 현실적으로 행하여지고 있는 기성세대의 경제관념에 반항하는 청년의 몸부림.

J 주인공: 23세의 청년으로 제품업에 종사하는 재단사

B: 피복공장 미싱사로서 주인공의 사고력에 큰 영향력은 끼친 20세의 나약한 소녀

마지막 소설에서 주목할 것은 시간과 장소, 그리고 등장인물에 이르기까지 일목요연하게 정리해낸 것이다. 소설 형식이기는 하지만 주인공 'J'가 누구인지 알아채는 것은 어렵지 않았다. 19개로 구성된 단락들의 면면이 전태일의 실제 삶과 거의 유사하기 때문이다. '한미사의 등장', '바보회 조직' 그리고 '근로감독관의 무성의한 태도'에 이르기까지 전태일의 삶을 담아낸 이야기로 읽히는 것이 사실이다. 마지막 결말만 제외한다면 전태일의 삶을 정리한 한 편의 '전기'와 다름이 없었다.

사랑하는 친우여, 받아 읽어주게.

친우여 나를 아는 모든 나여

나를 모르는 모든 나여

부탁이 있네, 나를, 지금 이 순간의 나를 영원히 잊지 말아주게.

그리고 바라네 그대들 소중한 추억의 서재에 간직하여 주게.

뇌성번개가 이 작은 육신을 태우고 꺾어버린다고 해도, 하늘이 나에게만 꺼져 내려온다 해도 그대 소중한 추억에 간직된 나는 조금도 두렵지 않을걸세. 그리고 만약 또 두려움이 남는다면 나는 나를 아주 영원히 버릴걸세. 그대들이 아는 그대 영역의 일부인 나, 그대들의 앉은 좌석에 보이지 않게 참석해서 미안하네, 용서하게.

테이블 중간에 나의 좌석을 마련하여 주게, 원섭이와 제철이 중간이면 더욱 좋겠네.

좌석을 마련했으면 내 말을 들어주게. 그대들이 아는 그대들의 전체의 일부인 나, 힘에 겨워 굴리다 못 굴려야 할 덩이를 나의 나인 그대들에게 맡긴 채 잠시 다니러 간다네. 잠시 쉬러 간다네. 어쩌면 반지의 무게와 총칼의 질타에 구애되지 않을지도 모르는, 않기를 바라는 이 순간 이후의 세계에서 내 생애 못 다 굴린 덩이를 목적지까지 굴리려 하네, 이 순간 이후의 세계에서 또 다시 추방당한다 하더라도, 굴리는 데 굴리는 데 도울 수만 있다면, 이룰 수만 있다면.[59]

그런데 이 소설의 마지막에서 주인공 J는 유서를 남기고 죽는다. "사랑하는 친우여, 받아 읽어주게. 친우여 나를 아는 모든 나여, 나를 모르는 모든 나여"로 이어지는 긴 유서이다. 그간 전태일의 유서로 널

1976년에 찍은 사진으로 〈소년의 꿈〉이라는 제목이 붙어 있다. 《선데이 서울》 잡지를 팔고 있는 가판대에서 소년은 열심히 공부 중이다(〈선데이서울을 팔던 소년은 어찌 됐을까〉, 박신홍, 경기도 뉴스포털).

리 알려지고 있는 바로 그것이다.

이 소설이 1970년 4월경 쓰여졌다는 것을 감안하면, 전태일은 이미 사건 7개월 이전부터 어떤 해결이나 출구가 없는 세계에 대해 절망하고 있었던 것으로 보인다. "이 순간 이후의 세계에서 또다시 추방당한다 하더라도"라는 말을 통해 이 세계 바깥에 놓여 있다는 생각을 드러냈다. 태일은 '소설'의 형식을 빌려 자신이 삶을 담아냈다. 수기에서 완결 짓지 못했던 삶의 완결된 모습을 소설의 형식을 빌려서 담아낸 것. '배움'과 '법', 그 어느 것도 가능하지 않다는 사실을 안 이후에, 다시 말해 그의 표현에 따르면 '추방된 이후'에 쓴 것이 바로 '소설'이다. 그는 이곳에서 살고 싶었고 이곳에서 자신이 거처할 수 있는 자리가 있기를 바랐다. 그래서 불가능한 이상, 이루고 싶은 꿈, 간절한 생의 의지이지만 그것들을 소설 속에서 그려냈다. 그러나 그것은 소설일 뿐 현실은 아니었다.

1970년 11월 13일이 되었다. 태일은 자기 말이 누군가에게 들려지기를 바랐다. 말이 말처럼 들려져야 사람이 사람처럼 대우받을 수 있을 것 같았다. 그러나 책을 읽고 법을 알아도 말이 말로서 들려지지 않았다. '부르다가 내가 죽을 이름'은 자신의 이름이어야 할까. 아무도 불러주지 않는 이름, 전태일. 그 이름은 내가 부르다가 죽을 이름인가. 그래도 누군가에게 불릴 수는 없을까. "나는 기계가 아니라 인간"이라고 말하면 누군가 듣고 응답해줄까. 그렇게 광장을 꿈꿨다.

하루 15시간을 일하고도 또 그 다음날 똑같은 일을 했고, 10대 소녀가 한기도 되지 않은 작업실에서 각혈하면 그 다음날 다른 소녀가 그 자리를 채웠다. 그 소년과 소녀의 이름은 기억되지 않았고 실은 그럴 필요조차 없었다. 다른 이들처럼 아프면 아프다고 하고, 슬프면 슬프다고 말할 수 있는 사람이고 싶었다. "우리는 기계가 아니다." 그래서 몸이 아프고 병들었다고 말하고 싶었고 그 말이 들리기를 바랐다. "들립니까 들립니까 들립니까"라고 외쳤으나 들리지 않았다.[60] 근로 기준법이 있었고 근로감독관에게 말했지만 들리지 않은 것처럼 외면되었다.

태일은 '베르테르'를 좋아했지만 그의 삶을 부러워하지는 않았다. 베르테르처럼 그렇게 죽고 싶지 않았다. 어떻게 해서든 살아남고 싶었다. 마지막 순간까지도 친구들과 함께 할 수 있는 '우리'의 자리를 꿈꾸었다("테이블 중간에 나의 좌석을 마련하여주게"). 그러나 바로 그런 생각을 하는 순간에도 또다시 쫓겨나지 않을까, 주저앉지 않을까를 생각해야 했다("세계에서 또다시 추방당한다 하더라도"). 사실 그렇게 생각하고 싶지 않지만 만약 같이하지 못한다면 누군가 나를 기억해주는 이들이 있기를 바랐다. 그것은 이름이 불리는 일이었고, 이름이 불린다는 것은 인간다운 '인간'이었다고 누군가 기억해주는 일이었다("이 순간의 나를 영원히 잊지 말아주게").

"친우여 나를 아는 모든 나"와 "나를 모르는 모든 나"까지, 태일은 '나'가 '너'이고 싶다고 말하지 않았다. 대신, '나'를 모르는 무수한 '나'가 자신을 기억해주었으면 좋겠다고 말했다. 태일은 마지막까지 '너'라고도 '우리'라고도 말하지 않았다. '광장'을 상상할 수 없었기 때문이다.

살아남은 자들의 응답이 필요한 이유이다.

짙고 커진 경제성장의 그늘

1959년 대한민국의 경제 자립을 위한 경제개발 정책이 입안되어 1962년 1
차 경제개발 5개년계획이 본격적으로 시행되었다. 서울과 주요 도시에는
주택과 도로가 대대적으로 건설되었다. 특히 1966년 서울시장이 된 김현옥
은 '군사작전식' 개발 의욕이 충만한 '불도저 시장'으로 불리며, 4년간의 재
임 동안 710km의 도로 신설과 400동이 넘는 아파트를 신축했다. 그러나
1970년 마포 와우아파트 붕괴, 1971년 광주대단지사건을 통해서 드러나면
서 고속 성장이 낳은 문제점을 드러냈다. 국가 주도의 독재 정치는 경제 이
외에도 교육, 문화 곳곳에 스며들어 1969년 〈국민교육헌장〉 제정과 '제식훈
련' 실시, 대중문화의 검열 강화 등으로 이어졌다. 1972년 박정희 정권은 국
회 해산과 헌정 중단, 정치활동 금지 등과 함께 유신헌법을 선포, 장기 독재
집권을 현실화했다. 국가주의의 국민 규율이 강화되는 가운데 법의 사각지
대에 놓인 소년들, 특히 노동하는 소년들의 처지는 더욱 피폐해져 갔다.
1970년 11월 13일 전태일은 "우리는 기계가 아니다", "근로기준법을 지켜
라" 등을 외치며 죽어갔다.

더 리더

책을 읽는 것은 '나'와 '타인'의 삶을 들여다보는 일이다. '타인'을 통해 '나'를 만나는 일인 동시에 '타인'을 경유해서 내가 속한 세계를 만나는 일이다. 그러므로 책 읽기는 나와 다른 나, 타인 너머의 타인, 그 있음직한 세계의 상상이다.

이 책에서는 해방 이후의 문화사를 다루면서 청년들이 무엇을 읽고 어떻게 생각했는지 살펴보았다. 이 세계 속에서 주목한 청년은 모두 4명이다. 한국전쟁을 거치며 국가가 무엇이고 국민이 누구인지 생각했던 '전후세대'의 청년, 1960년대 4·19혁명과 5·16쿠데타를 경험한 한글세대 '대학생', 그리고 해방 이후의 삶 속에서 차별과 배제를 겪어낸 '여성들', 마지막으로 가난한 삶 속에서 소외를 경험했던 노동하는 '소년들'이 바로 그 주인공이다. 이들은 국가와 언어, 성별과 노동의 한복판에서 벌거벗은 자들이었다. 그럼에도 그 중심에서 살고 싶었던 삶을 꿈꾸면서 책을 붙잡았다.

그럼에도 이들이 마주한 막다른 골목은 우리 현대사의 아물지 않은 흔적이다. 해방 이후 어느 국가를 선택할 것인지 묻는 질문에 대해 "국가를 선택하지 않는 편이 낫겠습니다"라고 응답했던 (명)준, 그리고 4·19혁명 이후 "가만히 있어라"라는 명령이 야기한 삶의 파괴를 증언하고 있는 정우, 번역되지 못하는 말들 속에서 제 자리를 얻지 못했던 혜린, "우리는 기계가 아니다"라고 외치며 인간이 무엇이어야 하는지 되물었던 태일까지, 이들은 국가가 무엇이고, 인간은 어떠해야 하며, 여성은 어떻게 다른 언어를 품고 있는지, 그리고 인간이 누구인지 물었다. 우리는 이들이 던진 질문에 답해야 한다.

준은 한국전쟁을 거치며 국가가 성립되는 과정을 경험한 전후세대 청년이다. 국가는 그 청년에게 네가 누구인지 물었고, 이곳은 너의 국가가 아니라고 얘기했다. 네가 있을 곳은 여기가 아니라는 답변이었다. 그가 듣고 싶었던 것은 네가 있을 곳은 여기라고 말해주는 것, 그것은 존재에 대한 긍정이었다. 그리고 말과 말이 서로 들려지고 말해지는 광장, 그런 국가를 기대했다. 그러나 준에게 남은 것은 삶이 지워진 생명뿐이었다. 그가 선택한 것은 삶이 지워진 생명이 아니라, 그런 삶의 형식을 거부하는 것, 그래서 국가와 국가 사이에서 고민한 것이 아니라 국가와 삶 사이에서 갈등했다.

4·19와 5·16을 거치면서 청년들은 "무관심 하라", 다시 말해 "가만히 있어라"라는 말을 들었다. 가만히 있다는 것은, 제 목소리와 감정을 드러내지 않는 것, 이는 그간의 인간관계를 무참히 지워내는 일이다. 친구 수영은 이를 기꺼이 선택했다. 그래서 감정을 지워내고, 윤리적 판단을 거부하며 생존만을 목표로 삼았다. 정우가 그 얼굴에서 본 것은 다름 아닌 '괴물'의 모습이었다. 정우는 그것이 인간의 삶이 아니라고 생각했고, 그렇게 생각한 정우는 결국 살아남지 못했다. 그

의 죽음은 한 세계의 몰락을 말하는 것이어야 했다. 소설은 그 이후에 쓰이는 인간의 이야기였으면 했다.

혜린은 두 개의 언어를 가진 여성 번역가이다. 그가 번역한다는 것은 다른 언어와 개념이 이입되는 것, 이를테면 《데미안》이 번역된다는 것은 이미 있는 세계에 앞선 '실존'에 대한 이야기이며 《생의 한가운데》가 번역된다는 것은 여성의 목소리가 기록될 수 있는 가능성에 다름 아니다. 그러나 1960년대엔 번역해야 하는 세계는 있는데 번역을 기다리는 세계는 없었다. 그래서 번역이 되지 못한 채 두 개의 언어가 나란히 같이 쓰이기도 했다. 혜린은 마지막 순간에 번역해야 하는 세계 속에서 나오지 못했다. 그가 무엇보다 원했던 것은 번역될 수 있는 언어였고 세상이었다. 번역된다는 것은 알을 깨고 이 세상 속에 태어나는 일일지도 몰랐다.

태일은 국가와 법을 믿었다. 그래서 법이 '우리'에게도 있다고 생각했다. "사노라면 언젠가는" 좋은 날이 올 거라는 기대, 노력하는 자에게 내일이 있다는 믿음, 노동자는 기계가 아니라 인간이라는 상식. 그러나 이 당연한 상식과 믿음은 어디에서도 통하지 않았다. 태일은 '이름'이 불리는 인간으로 살고 싶었다. 그러나 그의 이름은 어디에서도 불리지 않았다. 그가 "나를 아는 모든 나"에게 외치고 있는 것은 우리 모두가 수많은 '나'로 연결되어 있다는 말이었고, 기억해 달라는 외침이었다. '우리'도 인간이라고 외친 그의 절규 이후 사람들은 '우리'가 누구이고 무엇을 해야 하는지 되묻기 시작했다.

이 청년들이 멈춘 그 지점에서 새로운 길이 시작되었다. 독고준이 몰래 읽고 버젓이 읽으며 내면의 망명국가로 잠수하는 순간, 정우가 가만히 있어라, 라는 말을 끝내 어긴 채 구구절절한 사연을 한 권의 일기로 남긴 순간, 그리고 혜린이 번역되지 않는 언어를 붙들고 번역했으나 그 언어가 이 현실에 없다는 사실을 아는 순간, 마지막으로 태일이 인간답게 산다는 것은 광장에 자기 목소리가 들리게 하는 것이라고 깨닫는 순간, 그 순간들이 모여 바로 대한민국의 역사가 되었다. 그 결과, 홀로 남았던 명준의 광장은 수많은 자들이 같이 손잡는 '광장'으로, 정우가 되물었던 양심 있는 소설에 대한 물음은 '문학'으로, 혜린이 멈춰 섰던 번역할 수 없는 세계는 읽혀지는 세계로, 태일의 외침은 민중으로서의 인간을 발견하는 광장으로 이어졌다.

준, 정우, 혜린, 태일은 다른 세계를 읽어낸 리더reader였다. 이들은 국가가 무엇이어야 하는지 읽었고, 언어를 가진 자들이 무엇을 써야 하는지 엿보았으며, 성차가 삶의 질곡이라는 사실을 간파했다. 그리고 인간을 소외시키지 않는 노동을 문자와 문자의 행간 사이에서 상상했다. 세계의 심연을 엿보았기에 그 중심을 상상할 수 있었다. 이들은 끝까지 자기 신념과 존재를 버리지 않았다. 있어야 할 세계를 읽었기 때문이다. 그래서 인간의 가치를 저버리지 않았고, 공동체의 희망을 포기하지 않았으며, 미래의 삶을 반납하지 않았다. 이들은 읽은 것은 나의 삶이 아니라 나와 너의 삶이었고, 인간이 살아갈 만한 세상에 대한 이해였다. 그리고 타인을 통해 새로운 세계를 만나는 일이었다.

우리 역사는 그들이 상상한 만큼의 역사이다. 그러므로 이들을 리더leader라고 불러도 좋으리라. 이 청년들은 제몫을 가지지 못한 벌거벗은 자들이었으나, 그럼에도 국가와 난민, 혁명과 언어, 여성과 번역(반역), 노동과 인간이 무엇인지 상상했고, 그 상상이 지금 현재의 삶이 되었다. 이들은 누구보다 더 강렬하게 희망을 품었고, 또 그만큼 정직하게 절망할 수 있는 용기가 있었다. 그것은 포기하지 않은 자들의 신념이기도 했다. 해방 이후의 역사 속에서 같이 살아갈 세상을 읽어낸 이들, 그렇게 책 너머의 세상을 상상하며 읽어낸 이들, 우리 역사는 이들이 읽어낸 만큼의 역사이다. 오래된 미래를 상상할 수 있었던 그들, 그들은 언제나 리더이다.

주석

국가, 난민, '준'

1 시발택시는 1955년 출시되었다.

2 3,000대는 누적 집계된 수치이다.

3 오정희, 《유년의 뜰》, 문학과지성사, 1981, 27쪽.

4 김수영, 〈시골선물〉, 《김수영전집 1》, 민음사, 2003, 52쪽.

5 김일영, 〈1960년대의 정치지형 변화: 수출지향형 지배연합과 발전국가의 형성〉, 한 국정신문화연구소 편, 《1960년대의 정치사회변동》, 백산서당, 1999, 308쪽.

6 〈독재자의 밀가루는 달콤했다〉, 《한겨레21》 2002. 12. 11.

7 허문명, 〈김지하와 그의 시대〉 7, 《동아일보》 2013. 4. 16.

8 최인호, 〈위대한 유산〉, 《최인호 중단편선》, 문학동네, 2014, 308쪽.

9 권보드래는 1950년대 '자유' 개념이 '프랑스 실존주의와 미국의 사회과학'에 기대 고 있다고 지적하며, 전자가 존재의 부조리와 공포를 자각하는 수준에서 수용되었 다면 후자는 자본주의와 보통선서 등의 경제적 조건을 수용하는 데 도움을 주었다 고 지적한다(권보드래, 〈실존, 자유부인, 프래그머티즘: 1950년대의 두 가지 '자유' 개념과 문화〉, 《한국문학연구》 35, 동국대 한국문학연구소, 2008. 12, 101~147쪽).

10 손창섭, 〈미해결의 장〉, 《20세기 한국소설 16》, 창작과비평, 2005, 123~124쪽.

11 심진경, 〈《자유부인》의 젠더 정치: 성적 가면과 정치적 욕망을 중심으로〉, 《한국문

학이론과 비평〉, 한국문학이론과 비평학회, 2010. 3, 153~175쪽.

12 엄밀히 말해 소설은 1954년, 영화는 1956년에 선보였다.

13 하근찬, 〈삼각의 집〉, 《20세기 한국소설 15》, 창작과비평, 2005, 139쪽.

14 빌 브라이슨, 《재밌는 세상: 우리를 특별하게 했던 반짝이는 기억들》, 추수밭, 2008, 15~17쪽.

15 정범준, 《흑백 테레비를 추억하다》, 알렙, 2014, 71쪽. 1957년 기준으로 서울시의 쌀 한 가마니 80kg이 약 1만 8,000환이었는데 17인치 텔레비전 수상기의 가격이 34만 환이었다. 텔레비전 수상기가 많이 보급되었다고 했지만 기껏해야 3,000여 대 정도였다.

16 안정효, 《헐리우드 키드의 생애》, 민족과문학사, 1992, 90쪽.

17 최인훈, 《회색인》, 문학과지성사, 1977, 128쪽.

18 〈말 따라 노래 따라〉, 《동아일보》 1975. 8. 25.

19 〈한심스러운 일어 범람〉, 《동아일보》 1969. 4. 5.

20 〈시대의 거울, 유행어〉, 《헤럴드경제》 2012. 2. 7.

21 김동춘은 한국전쟁 이후의 한국사회를 '피난사회'라고 칭한다(《전쟁과 사회》, 돌베개, 2006, 121~122쪽).

22 김수영, 〈제임스 띵〉, 《김수영전집 1》, 민음사, 1981, 302쪽.

23 김수영, 〈어느 날 고궁을 나오면서〉, 《김수영전집 1》, 민음사, 1981, 315쪽.

24 1945년 일본이 전쟁에서 패망하자 한국을 떠나는 일본인들이 모아뒀던 골동품과 고서화를 처분하게 되었고 이를 한국에 진주한 미군들이 다시 사들이면서 본격적으로 골동품 시장이 형성되었다. 하지만 1970년대에 정부의 골동품 중과세 조치로 인해 많은 골동품 및 고미술 가게들이 청계천 쪽으로 떠나게 되는데 그 빈자리에 그림을 사고파는 화랑들이 들어오면서 자연스럽게 화랑거리가 만들어졌다(조한, 《서울, 공간의 기억 기억의 공간》, 돌베개, 2013, 87쪽).

25 신경림, 〈글 깨치고 처음 읽은 조선역사—내 인생의 책들〉, 《한겨레신문》 1993. 3. 15.

26 김미선, 《명동아가씨》, 마음산책, 2012, 66쪽.

27 "출판등록을 내기 전 신동문이 오키 마사히로가 일본어로 번역한 《요가》라는 책을 들고 와 출판등록을 하면 이 책을 한번 내보라고 권유했다. 우리말로 번안한 사람 역시 신동문이었는데, 번역자 이름으로는 오래 산다는 의미를 지닌 동방의 거북이라는 필명 동방구를 사용했다. 198쪽 분량의 양장본으로 만든 《요가》는 처남의 전화상 전일사 시절에 만들었다⋯⋯ 초판 발행일은 1966년 6월 10일이었다. 250원의

《요가》는 1만 5,000권이 팔려 나가면서 요즘으로 치자면 수십 만 권에 해당하는 초대형 베스트셀러를 기록했다"(박맹호, 《책: 박맹호 자서전》, 민음사, 2012, 60~61쪽).

28 1957년 송병수의 단편소설 〈쑈리 킴〉을 일컫는 것이다. '쑈리 킴'은 미군부대 근처에서 일하는 주인공의 이름이다.

29 〈입학전쟁 그 안팎〉, 《동아일보》 1964. 2. 19.

30 〈일본소설의 졸속 절도 수입〉, 《경향신문》 1965. 9. 1.

31 〈땅에 떨어진 출판 윤리〉, 《경향신문》 1966. 10. 8.

32 미우라 아야코, 이재신 역, 《빙점》, 한국장로교출판사, 1997, 119쪽.

33 '마리'는 '말리茉莉'라는 한자어의 변용으로 일본 모더니스트 시인 안자이 후유에安西冬衛의 시집 《군함 말리軍艦茉莉》에서 차용한 것이다. 서양문학에 목말라 하던 많은 문인들이 이 '마리서사'를 애용했다고 전해진다. 사진에서 보는 것처럼, 마리서사는 서점의 기능도 기능이었지만 책을 공유하는 플랫폼 역할을 했다.

34 〈EBS 문화사시리즈〉 7부, EBS, 2005. 10. 10.

35 김수영, 〈마리서사〉, 《김수영전집 1》, 민음사, 1981, 105쪽.

36 김동리, 〈밀다원시대〉, 《김동리전집 2》, 민음사, 1995, 315~317쪽.

37 김경린 외, 《新詩論詩集: 새로운 都市와 市民들의 合唱》, 도시문화사, 1949. "바야흐로 전환하는 역사의 움직임을 모더니즘을 통해 사고해보자"고 한 이 시집에서 '도시'와 '시민'은 대한민국이나 서울 등으로 한정되지 않는다. 오히려 세계 각국의 도시와 그 도시의 삶이 공존, 교차하는 지점을 동시적으로 보여준다.

38 "한국전쟁의 뒷그림자가 아직도 채 가시지 않은 반 폐허의 서울에서, 이상李箱은 그 퇴폐적, 절망적 분위기로 나를 꽤는 매혹시킬 수도 있었다. 이에 비해서 《창조創造》며 《폐허廢墟》 시절의 한물간 낡은 시들을 뒤져내서 어쩌겠다는 것인가? 옷에 쫓기고 밥과 잠자리에 쫓기던 50년대 말엽의 군중들에게 시인 전집을 팔아야 읽어나 주겠는가? 목구멍이 포도청이라 월급봉투는 받아야겠으니 일을 하기는 해야겠는데, 만날 시詩, 시詩 하다보니까 어느새 나까지도 시시해지고 마는 것만 같은 그런 시시한 기분이었다"(임종국, 《임종국 평전》, 시대의창, 2006, 204~205쪽).

39 천정환, 《시대의 말, 욕망의 문장》, 마음산책, 2014, 25쪽.

40 손창섭, 〈혈서〉, 《비 오는 날》, 일신사, 1957, 34쪽.

41 손창섭, 〈혈서〉, 《비 오는 날》, 일신사, 1957, 38쪽.

42 이범선, 〈오발탄〉, 《21세기 한국문학》, 창비, 2005, 124쪽.

43 최인훈, 《회색인》 3판, 문학과지성사, 2008, 26~27쪽.

44 《플란다스의 개》에서 네로는 루벤스 그림 아래에서 죽어갔다.

45 "그것은 독고준의 책 읽기가 상당수는 1) 영리하게 태어난 아이가, 2) 갖은 고난 끝에, 3) 행복하게 산다는 기능단위를 갖고 있다. 영리하게 태어난 아이는 여러 가지 시련을 거쳐 왕이 된다. 독고준의 책 읽기는 그 왕 되기에 다름 아니다. 그는 책 속에서 망명정부의 꿈을 꾼다. 그것은 현실이 아니라 꿈이기 때문에 그의 세계는 거꾸로 선 세계 물구나무 선 마음의 나라이다"(김현, 《책 읽기의 괴로움》, 문학과지성사, 1991, 218쪽).

46 최인훈, 《회색인》 3판, 문학과지성사, 2008, 41쪽.

47 김수영, 〈아버지의 사진〉, 《김수영전집 1》, 민음사, 1981, 29쪽.

48 '아로야'는 《플란다스의 개》에 나오는 네로의 여자 친구이다.

49 최인훈, 《광장》 재판, 문학과지성사, 1989, 123쪽.

50 최인훈, 《광장》 재판, 122쪽.

51 최인훈, 《광장》 재판, 98쪽.

52 최인훈, 《광장》 재판, 117쪽.

53 최인훈, 《광장》 재판, 120~121쪽.

대학생, 가만히 있어라, '정우'

1 〈눈에 박힌 포탄은 최루탄〉, 《동아일보》 1960. 4. 14.

2 〈시체 인수할 수 없다, 부정선거에서 당선된 사람이 처리하라〉, 《동아일보》 1960. 4. 14.

3 〈고문경관 구속 지연 등 추궁 신 법무차관 出席裡, 마산사태 질의전 신랄〉, 《동아일보》 1960. 4. 16.

4 〈EBS 문화사시리즈 20~21부〉, EBS, 2005. 11.

5 〈부정선거 규탄 학생데모 전국에 확대〉, 《동아일보》 1960. 4. 20.

6 한 달 뒤 5월 20일자 신문은 이렇게 전한다. "그동안 도둑놈 죽일 놈 해오던 이들이 진짜 그런 놈들이었다"고. '부정선거'와 '발포 살인'은 인과적 사건이라는 말이었다. 이 '죽일 놈' 중에 가장 거물은 전직 법무장관에 내무장관을 역임한 '홍이라는 사나이'라고 했다. 발포 명령을 했던 일급 거물, 그가 평소에 호령하던 검사 앞에서 "굽실거릴 것을 생각하니 우습다"고 했다. 그런데 얄궂게도 미결수복에 붙어 있던

꼬리표가 하필 '사일구' 라고 했다.

[7] 〈이 대통령 하야 결의, 정부통령 재선거도 실시〉, 《동아일보》 1960. 4. 27.

[8] 김수영, 〈우선 그놈의 사진을 떼어서 밑씻개로 하자〉, 《김수영전집 1》, 민음사, 1981, 179쪽.

[9] 신동엽, 〈아사녀〉, 《학생혁명시집》, 효성문화사, 1960. 7.

[10] 편집부, 〈4·19 혁명 부분 스케치〉, 《새가정》, 1960. 6, 19~21쪽.

[11] 《조선일보》 1960. 4. 27.

[12] 한형모 감독, 영화 〈돼지꿈〉, 1961.

[13] 이호철, 〈이발소에서〉, 《창작과 비평》, 1966. 1, 59쪽.

[14] 임재경, 《펜으로 길을 찾다》, 창작과비평, 2015, 243쪽.

[15] 허문명, 〈김지하와 그의 시대〉 2, 《동아일보》 2013. 4. 9.

[16] 최원식 외, 《4월 혁명과 한국문학》, 창작과비평, 2002, 20~22쪽.

[17] 김수영, 〈그 방을 생각하며〉, 《김수영전집 1》, 민음사, 1981, 205쪽.

[18] 김동춘, 〈4·19혁명과 사회과학〉, 《실천문학》 97, 2010. 2, 330~342쪽.

[19] 이오덕, 《이오덕 일기》 1, 양철북, 2013, 31쪽.

[20] 이순, 〈서른다섯 살의 이력〉, 《동아일보》 1983. 8. 18.

[21] 김승옥의 〈다산성〉에 등장하는 서술을 참고했다.

[22] 김승옥, 〈다산성〉, 《창작과 비평》, 1966. 1, 65쪽.

[23] 민진규, 〈새마을운동의 상징—슬레트지붕으로 성공한 범현대가〉, 《글로벌 이코노믹》, 2014. 2. 12.

[24] 〈크라운 산도 50번째 생일〉, 《경향비즈》 2011. 5. 17.

[25] 조화영, 《혁명투쟁사》, 국제출판사, 1960, 222~223쪽.

[26] 영화 〈초우〉(1966)의 대사.

[27] 김영찬, 〈4·19와 1960년대 문학의 문화정치〉, 《한국근대문학연구》 15, 2007. 4, 137~163쪽.

[28] 김명인, 〈혁명과 반동, 그리고 김수영: 4·19혁명과 김수영의 정치의식〉, 《한국학연구》 20, 2008. 12, 213~232쪽.

[29] 안정효, 《헐리우드 키드의 생애》, 민족과문학사, 1992, 51쪽.

[30] 전혜린, 《이 모든 괴로움을 또다시》, 민서출판사, 2002, 319쪽.

[31] "그때 우리 옷차림이란 게 남대문시장에서 산 검정물 들인 군복에 검은색 군화였는데 김지하는 달랐다. 넥타이를 매고 반짝반짝 빨간 구두를 신고 연극한다고 돌아다니는

모습은 우리 눈에는 영락없는 부르주아 날라리였다"(허문명,《동아일보》2013. 4. 16).

32 최인호, 〈처세술개론〉,《최인호 대표중단편선》, 2014, 115쪽.

33 최원식 외,《4월 혁명과 한국문학》, 창작과비평, 2002. 18~67쪽.

34 이 영화에서는 마치 자유당 정권 이후의 변화처럼 해석하고 있지만, 실은 1차 교과 과정에서부터 홈룸 등의 자치 제도가 도입되고 있었다.

35 김훈, 〈광야를 달리는 말〉,《라면을 끓이며》, 문학동네, 2015, 23쪽.

36 김현,《한국문학의 위상》, 문학과지성사, 1977, 7~8쪽.

37 장용학, 〈현대의 야〉,《사상계》, 1960. 3.

38 순천고 3년 김승옥이 쓴 시이다. 〈몸 떨리는 계절〉에서 오롯이 드러나는 것은 이미지 와 조탁된 시어들이다. 일찍이 국어 시간에 '언어의 조탁', '언어유희'로 배운 바 있 는 '문학적인 것'이 자글댄다. '나아무, 나아무, 나무 나무'로 변주하는 리듬이라거 나 '하아얀 운동장'이라는 표현에서 드러나는 것은 시적인 재기가 번뜩이는 문학소 년다운 어떤 것이다. 한국말의 미감이라고 표현되었지만 언어는 '법'이나 '약속'이 기도 하지만 사람마다 다른 느낌을 각자 표현해낼 수 있는 어떤 것으로 등장한다. '문학' 혹은 '문학적인 것'은 조금은 간질간질한 언어조탁의 훈련 속에서 등장했다.

39 백낙청, 〈새로운 창작과 비평의 자세〉,《창작과 비평》, 1966. 1, 8쪽.

40 송은영, 《《문학과지성》의 초기 행보와 민족주의 비판〉,《상허학보》43, 2015. 2, 11~46쪽.

41 이청준,《조율사》, 문학과지성사, 2011, 94쪽.

42 〈상처 입은 프랑스 영광〉,《동아일보》1968. 5. 21.

43 〈세계문학전집 전기 30권을 완결〉,《동아일보》1961. 11. 20.

44 이 단락은 졸고 〈'세계'와 '문학'이 지워진 세계문학〉(《자음과모음》, 2013, 기울초)의 일부분이다.

45 계몽사《세계소년소녀문학전집》의 광고 문구,《경향신문》1963. 12. 2.

46 은희경,《새의 선물》, 문학동네, 1996, 40쪽.

47 곽종원, 〈봄타령산조〉,《동아일보》1964. 3. 5.

48 〈정리 1958년 집대성 간행물의 봄〉,《경향신문》1958. 12. 14.

49 고은, 〈나의 산하 나의 삶 148〉.《경향신문》1993. 9. 12.

50 이문구, 〈월곡후야〉,《관촌수필》, 문학과지성사, 2000, 348~378쪽. 매당 30원은 화 폐개혁 전의 가격으로 보인다. 1962년 평균 봉급을 감안할 때 매당 3원 정도로 이 해하는 게 맞는 듯하다.

51 박완서, 〈세모〉, 《부끄러움을 팝니다》, 문학동네, 2013, 35~36쪽.

52 《환상수첩》에 관한 논의는 졸고 〈괴물의 탄생: 무감정, 반윤리, 비죽음: 김승옥의 〈환상수첩〉을 중심으로〉를 통해 자세히 분석한 바 있다(《한국문학이론과 비평》 18(4), 한국문학과비평학회, 2014. 12, 133~155쪽).

53 텍스트의 문면에는 정우가 《전후 세계문학전집》을 찾아 읽었다는 구절은 나오지 않는다. 다만, 당시 대학생들이 열광적으로 찾아 읽었던 책이 바로 이 전집이어서 그 점을 참고했다.

54 김승옥, 《환상수첩》, 문학동네, 2004, 56쪽.

55 김승옥, 《환상수첩》, 문학동네, 2004, 61쪽.

56 수영의 얼굴에 나타나는 유일한 감정표현은 '명랑' 이다. 이 명랑함은 개인의 느낌을 표현하는 감정이 아니라 개인의 감정을 표백해내면서 사회가 요구하는 얼굴로 변신하는 감정규율이다.

57 바디우에 따르면, '국가는 사회적 유대의 표현에 기반하는 것이 아니라 그러한 유대를 금지하는 해체에 기반하고 있다는 것' 이다(알랭 바디우, 《존재와 사건》, 새물결, 2013, 186쪽).

58 김승옥, 《환상수첩》, 문학동네, 2004, 92쪽.

59 김승옥, 《환상수첩》, 문학동네, 2004, 93쪽.

60 감정을 지운 신체로만 남은 그에게 인간의 몸은 단지 '살' 일 뿐이지, 감각과 느낌, 의지와 지향이 머무르며 정체성이 새겨지는 장소가 아니다. 인간에 대한 이해가 신체의 문제로 귀결되면서 그리고 이들의 신체가 바로 권력이 작용하는 지점으로 나타나면서 사랑이 성관계로만 물화된다. 이 세계 속에서 신체는 이미 병들어 있거나 폭력적인 방식으로 교환되는 관계이다. 실은 정우조차 선애를 그런 방식으로 대했고, 결국 선애는 이 관계의 폭력성으로 인해 자살을 선택한다. 정우와 선애 모두 영빈에게 속았다고 하지만, 실은 정우조차 여자친구를 교환하는 순간 그가 대면하게 된 것은 '짐승 같은 여자' 였다. 정우가 여자친구를 바꿔 선애 대신 향자를 찾아갔을 때 "조마조마한 심정으로 어쩌면 기다리고 있었던 것은 바로 나 자신이 아니었던가"라고 쓰고 있는 것처럼, '짐승 같은' 향자의 신체는 바로 정우의 또 다른 일면이라고 볼 수 있다.

61 다자이 오사무, 《일본 전후문제작품집》, 신구문화사, 1960, 217~292쪽.

62 김승옥, 《환상수첩》, 문학동네, 2004, 61쪽.

63 김승옥, 《환상수첩》, 96쪽.

64 내부 이야기의 화자인 정우는 공간적 질서의 문제를 시간적 질서로 해결하고자 하나 고향 또한 이 질서 바깥의 장소가 아니라는 사실을 깨달을 뿐이다. 김승옥의 소설에서 공간적 질서를 시간적 질서로 재전위 시키고자 하는 모색은 이 작품에서뿐만 아니라 다른 작품에서도 드러나나 결국 확인하게 되는 것은 불가능성이다. 공간적 차별성과 편재성의 문제가 시간적 질서의 탐구를 통해서 구해지지 않는다는 사실만을 확인한다.

65 남정현의 《분지》 필화는 문학에 대한 용공 탄압 제1호로 기록되는 불상사였다. 이 사건에 뒤이어 김지하의 담시 〈오적〉, 양성우 시집 《겨울공화국》, 박양호 단편 〈미친 새〉, 현기영 소설집 《순이 삼촌》, 한수산 장편소설 〈욕망의 거리〉 등이 정부의 눈에 거슬려 박해의 대상이 되었다(한승헌, 《재판으로 본 한국 현대사》, 창비, 2016, 139~140쪽).

여성, 한국적 현실, '혜린'

1 정비석, 《자유부인》, 지식을 만드는 지식, 2010, 50쪽.

2 1962년 이대 사회학과 학생들의 〈식모 60명에 대한 실태조사〉를 보면 한 달 600원이 18명(30%), 400~500원이 각각 12명이었다. 1960년대 초반의 월급으로 가정에 따라 그 이하의 돈을 주었던 가정도 적지 않았다. 장지숙, 〈식모살이는 고달파〉, 《가난도 罪인가 : HLKA連續放送·女性手記》, 芝苑社, 1970, 300쪽.

3 〈횡설수설〉, 《동아일보》 1964. 6. 29.

4 박완서, 《나목》, 민음사, 2005, 243쪽.

5 전상국, 〈전야〉, 《창작과비평》, 1974, 가을호.

6 《명랑》 잡지의 독자란 논의와 관련해서는 김연숙의 논의를 참고했다(〈대중잡지 《명랑》을 통해 본 전후 개인관계의 서사: 1950년대 후반 '독자사교란' 기획을 중심으로〉, 《대중서사연구》, 대중서사학회, 2016. 5, 39~69쪽).

7 장지숙, 〈식모살이는 고달파〉, 《가난도 罪인가: HLKA連續放送·女性手記》, 芝苑社, 1970, 298쪽.

8 장지숙, 〈식모살이는 고달파〉, 《가난도 罪인가: HLKA連續放送·女性手記》, 芝苑社, 1970, 303쪽.

9 공지영, 《봉순이 언니》, 푸른숲, 1998.

10 이청준, 《씌어지지 않는 자서전》, 문학과지성사, 2014, 130쪽.

11 1960년대 권력이 줄어든 남편들의 일탈 대상은 늘 유약한 여자였다(이영미, 〈대중예술 사랑과 돈의 변주〉(6), 《경향신문》 2016. 5. 30).

12 오정희, 〈유년의 뜰〉, 《유년의 뜰》, 문학과지성사, 1981, 45~46쪽.

13 오정희, 《유년의 뜰》, 문학과지성사, 1981, 46쪽.

14 영화 〈초우〉, 1966.

15 조선작, 〈영자의 전성시대〉, 《20세기 한국소설》 29권, 창작과비평, 2005, 241쪽.

16 조해일, 《겨울여자》, 문학과지성사, 1976, 523쪽.

17 《동아일보》 1966. 11. 10.

18 〈여차장의 인권〉, 《동아일보》 1966. 10. 26.

19 《명랑》, 1965. 1, 184쪽.

20 박완서, 《나목》, 작가정신, 1990, 46쪽.

21 김승옥, 〈누이를 이해하기 위하여〉, 《김승옥전집》, 문학동네, 2004, 129쪽.

22 이상수, 〈내 인생의 책-최인훈 《광장》〉, 《경향신문》 2014. 7. 17.

23 전혜린, 《그리고 아무 말도 하지 않았다》, 민서출판사, 2002, 80쪽.

24 박정희, 《국가와 혁명과 나》, 향문사, 1963, 270~271쪽.

25 이 자작시와 관련해서 복도훈은 경제우위의 '발전' 개념이 드러났다고 지적한다(복도훈, 〈1960년대 한국 교양소설 연구〉, 동국대 박사논문, 2014).

26 김건우, 〈1964년의 담론지형〉, 《대중서사연구》 22호, 2009. 12, 73쪽.

27 이와 관련 4·19 이후 '정치는 정치인에게, 학생은 학원으로' 라는 요약되는 담론상의 변화로 인해 대학생의 학문장이 '순수의 영역', 혹은 '성역'이란, '현실로부터 분리된 순정한 공간'에 놓이게 되었다는 소영현의 지적은 유사한 맥락에서 이해될 수 있다(소영현, 〈대학생 담론을 보라〉, 《문학과 사회》, 2010. 2, 266~268쪽).

28 오화섭, 〈한국의 소녀상-소녀 그것은 신비의 계곡〉, 《여학생》, 1965. 12, 70쪽.

29 신지식, 〈소녀들의 특수 공화국을 노크한다—독서와 소녀〉, 《여학생》, 1965. 12, 338쪽.

30 이오덕, 《이오덕 일기》 1, 양철북, 2013, 41쪽.

31 이오덕, 《이오덕 일기》 1, 양철북, 2013, 194쪽.

32 〈고전독파운동 자유교양추진회〉, 《동아일보》 1966. 8. 16.

33 한승헌, 《재판으로 본 한국 현대사》, 창비, 2016, 141쪽.

34 박완서의 《나목》의 주인공을 일컫는 것이다.

35 오정희의 〈완구점 여인〉의 주인공을 일컫는 것이다.

36 〈무진기행〉의 윤희중이 "사랑한다고 말하고 싶지만, 그 국어의 어색함으로 표현하지 않은" 문장을 그대로 인용.

37 염무웅은 "시민들의 생활문화가 '서구적' 외양을 닮아가는 추세를 막을 수는 없었다. 이 시대 문학의 한 축을 담당했던 '70년대 작가'는 이런 복합적 문화 환경의 산물이었다"고 지적한다(〈염무웅의 해방 70년, 문단과 문학 시대정신의 그림자(11)- 청년·민중, 그들 자신의 언어로 억눌린 삶을 이야기하다〉, 《경향신문》 2016. 10. 31).

38 이청준, 《조율사》, 문학과지성사, 2011, 44쪽.

39 오정희, 〈중국인 거리〉, 《유년의 뜰》, 문학과지성사, 1981, 71쪽.

40 정연희, 《목마른 나무들》, 여원사, 1963, 84쪽.

41 최인호, 《별들의 고향》, 여백, 2013, 33쪽.

42 졸고, 〈하얀 몸, 붉은 몸, 작은 몸〉, 《대산문화》, 2014. 가을호, 61쪽.

43 조해일의 《겨울여자》는 주인공 '이화'의 성장기처럼 그려지고 있는데, 이를 매개하는 것이 남성인물이다. 이화가 만나는 두 번째 남성인 석기는 이화가 '거듭나기 위한' 사회인식을 안내하는 역할을 맡는데, 석기를 통해 '알고 싶고', '아는' 여자로 변화해 간다(조해일, 《겨울여자》, 문학과지성사, 1976, 173쪽).

44 조해일, 《겨울여자》, 문학과지성사, 1976, 26쪽.

45 오정희, 〈완구점 여인〉, 《불의 강》, 문학과지성사, 1977, 233쪽.

46 심진경, 〈《자유부인》의 젠더 정치: 성적 가면과 정치적 욕망을 중심으로〉, 《한국문학이론과 비평》, 한국문학이론과 비평학회, 2010. 3, 153~175쪽.

47 〈모래시계〉 5회 차.

48 전혜린에 관한 자세한 분석은 졸고 〈여성은 번역할 수 있는가: 1960년내 진혜린의 죽음을 둘러싼 대중적 애도를 중심으로〉(《서강인문논총》 38, 2013. 12, 5~42쪽)을 통해 분석한 바 있다.

49 전혜린, 《그리고 아무 말도 하지 않았다》, 민서출판사, 2002, 66쪽.

50 전혜린, 《그리고 아무 말도 하지 않았다》, 106쪽.

51 전혜린, 《이 모든 괴로움을 또다시》, 95쪽.

52 전혜린, 《이 모든 괴로움을 또다시》, 167쪽.

53 전혜린, 《그리고 아무 말도 하지 않았다》, 135쪽.

54 전혜린, 《그리고 아무 말도 하지 않았다》, 175쪽.

55 전혜린, 《그리고 아무 말도 하지 않았다》, 174쪽.

56 전혜린,《그리고 아무 말도 하지 않았다》, 71쪽.

57 전혜린,《그리고 아무 말도 하지 않았다》, 56~67쪽.

58 1956년 영웅출판사에서 5권으로 기획, 발간된《헬만 헷세 선집》3권에 수록되어 있다. 그리고 이 책을 평가한 기사는 1973년 경향신문에서 찾아볼 수 있다. 〈흘러간 만인의 사조 베스트셀러 – 헤르만 헷세 작 데미안〉,《경향신문》1973. 6. 2.

59 헤르만 헤세,〈데미안〉, 전혜린 역,《노오벨 문학전집》, 신구문화사, 1964.

60 전혜린,《그리고 아무 말도 하지 않았다》, 225쪽.

61 전혜린,〈'노라'는 가출하지 않는다〉,《세대》, 1963. 11, 193쪽.

62 전혜린,《그리고 아무 말도 하지 않았다》, 20쪽.

63 전혜린,《그리고 아무 말도 하지 않았다》, 109쪽.

64 전혜린,《그리고 아무 말도 하지 않았다》, 73쪽.

65 번역가로서의 전혜린에 관한 글은 졸고 〈여성은 번역할 수 있는가〉《서강인문논총》 38, 2013. 12, 5~42쪽)를 부분적으로 참조했다.

소년, 법과 밥, '태일'

1 1960년대 '불량' 담론 안에는 '가짜 자국민'에 대한 민족주의적 병리성이 개입하는 것으로 빨갱이 범죄자 불량소년/소녀 등이 이 패러다임 안에서 '비정상인'의 범주에 든다(허윤,〈1960년대 불량소녀의 지형학〉,《대중서사연구》, 대중서사학회, 2014. 8, 110쪽).

2 영화 〈맨발의 청춘〉(김기덕, 1964).

3 1961년 이후 보호의 대상이었던 '소년'이 강력한 처벌과 훈육의 대상으로 변화된다(김원,《박정희 시대의 유령들: 기억, 사건 그리고 정치》, 현실문화연구, 2011, 383~413쪽).

4 최인호,〈위대한 유산〉,《견습환자 – 최인호 중단편선》, 문학동네, 2014, 302~303쪽.

5 〈성산국교에 충무공 동상〉,《동아일보》1971. 11. 4.

6 다음은 1971년 3월 19일자 이오덕 선생이 쓴 일기의 한 구절이다. "마룻바닥이 검게 보인다고 물걸레를 쓰지 못하게 한다. 그래서 비로 쓸고 마른 걸레로 문지르기만 하는 것이 청소다. 뿌연 먼지 속에서 온종일을 살아가는 아이들이 너무나 불쌍하다. 6년 동안 이렇게 먼지만 마시고 자라난다는 것은 예삿일이 아니다. 내 자식은

어떻게 해서라도 이런 도시 학교에 보내지 말아야겠다는 생각이 든다. 변소에 가면 온통 똥 무더기가 변소간마다 쌓여 코를 찌르는데 청소 용구 하나도 사주지 않고 "어떻게 해서든지 아이들에게 시키면 한다"고 말하는 것이 교감의 대답이다. 미술 시간에 아이들 그림을 들여다보는 것도 고통스럽다"(《이오덕일기 1》, 양철북, 2013).

7 정범준, 《흑백 테레비를 추억하다》, 알렙, 2014, 146~147쪽.

8 "어린이를 보호하는 천사는 없는가. 우주의 괴물을 몽땅 없애버리는 전능의 황금박쥐가 서울 한복판에 나타나야 하겠다"(《경향신문》 1968. 8. 28).

9 성석제, 《투명인간》, 창비, 2014, 58~59쪽.

10 은희경, 《새의 선물》, 문학동네, 1996, 300쪽.

11 윤흥길, 〈제식훈련 변천 약사〉, 《장마》, 민음사, 2005, 136쪽.

12 〈쥐를 잡자〉, 《매일경제》 1969. 12. 6.

13 서경식·한홍구 대담, 《후쿠시마 이후의 삶》, 반비, 2013, 120쪽.

14 권지예, 《아름다운 지옥》, 문학과사상사, 2004, 97쪽.

15 함석헌, 〈매국외교를 반대한다〉, 《사상계》, 1964. 4, 13~14쪽.

16 이영미, 〈유신소녀의 추억〉, 《경향신문》 2012. 11. 15.

17 김승옥, 〈역사〉, 《무진기행》, 문학동네, 2004, 84쪽.

18 〈여기는 서울의 등외지대〉, 《명랑》, 1965.10, 246쪽.

19 윤흥길, 《아홉 켤레의 구두로 남은 사내》, 문학과지성사, 1977, 155쪽.

20 윤흥길, 《아홉 켤레의 구두로 남은 사내》, 146~197쪽.

21 윤흥길, 《아홉 켤레의 구두로 남은 사내》, 168쪽.

22 윤흥길의 《아홉 켤레의 구두로 남은 사내》는 졸고 〈1970년대 타자의 윤리학과 '공감'의 서사〉(《대중서사연구》 17(1), 대중서사학회, 2011. 6, 181~203쪽)를 통해 자세히 분석한 바 있다.

23 조세희, 《난장이가 쏘아올린 작은 공》, 문학과지성사, 1978, 115쪽.

24 김승옥, 〈역사〉, 《김승옥 소설전집 1》, 문학동네, 1995, 68쪽.

25 윤흥길, 《아홉 켤레의 구두로 남은 사내》, 문학과지성사, 1977, 181~182쪽.

26 김현장, 〈무등산 타잔의 진상〉, 《대화》, 1977. 8, 119~137쪽.

27 김현장, 〈무등산 타잔의 진상〉, 《대화》, 1977. 8, 119~137쪽.

28 김우리, 〈'무등산 타잔, 박흥숙' 사건의 전말과 재해석〉, 《광주드림》 2014. 12. 17.

29 리영희, 《전환시대의 논리》, 1974, 창작과비평사, 13~14쪽.

30 은희경, 《새의 선물》, 문학동네, 1995, 353쪽.

31 이호철, 〈이발소에서〉,《창작과비평》1966. 1, 62쪽.

32 조세희,《난장이가 쏘아올린 작은 공》, 문학과지성사, 1978, 83쪽.

33 〈광고〉,《동아일보》1975. 2. 13.

34 〈박대통령 연두교서〉,《경향신문》1966. 1. 18.

35 〈23, 24 양일간 전국자유교양대회〉,《매일경제》1968. 11. 21.

36 천정환, 〈교양의 재구성, 대중성의 재구성: 박정희 군사독재 시대의 '교양'과 자유
교양운동〉,《한국현대문학연구》35, 한국현대문학회, 2011. 12, 281~315쪽.

37 '자유교양'은 '일본식 국가주도의 교양교육으로 퇴행했다'는 평가가 있다(이정옥,
〈일본식 '교양교육'의 수용과정과 미국식 교양교육의 정착과정〉, 한국교양교육학회학술대회
자료집, 2015. 6, 171~185쪽).

38 김병익, 〈문화적 민주주의를 위하여〉,《지성과 문학》, 문학과지성사, 1982.

39 〈출판 대중으로 등장한 한국문학〉,《동아일보》1976. 7. 20.

40 〈학벌사회서 홀로 선 고졸 철학자〉,《경향신문》1997. 2. 10.

41 장정일, 〈삼중당문고〉,《길 안에서의 택시 잡기》, 민음사, 1988.

42 《주홍글자》, 삼중당, 46쪽. 번역이 약간 어색하지만 있는 그대로 인용했다.

43 이경성,《주홍글자》, 삼중당, 1975, 263쪽.

44 고병권, 〈감옥에서 상고 이유를 쓰는 것〉, 〈리영희 함께 읽기〉 특강자료, 2016. 4. 13.

45 1971년 발표된 서유석의 가요 〈파란 많은 세상〉의 한 구절.

46 2월 30일 기록으로 되어 있으나 앞뒤 일기 배열을 볼 때 2월 20일 전후의 일기로 보
인다.

47 전태일에 관한 분석은 졸고 〈기억과 재현으로서의 애도:《전태일 평전》〉《국제어문》
67, 국제어문학회, 2015. 12, 41~69쪽)을 통해 이미 논의한 바 있다.

48 이 대목은《내 죽음을 헛되이 말라》에 남아 있지 않고,《조영래 평전》에 재구성되어
편집돼 있다.

49 전태일에 관한 논의는 졸고 〈기억과 재현으로서의 애도:《전태일 평전》〉《국제어문》
67, 2015. 12, 41~69쪽)에서 가져왔다.

50 조영래,《전태일 평전》신판, 전태일기념사업회, 2009, 166쪽.

51 인용된《전태일 평전》에도 나와 있는바, 책 가격은 2,700원이나 어머니가 3,000원
을 마련해주셨다고 밝히고 있다.

52 《난장이가 쏘아올린 작은 공》의 한 구절, 원래는 '그들에게는 법이 있다'는 문장이
나 문맥의 뜻을 분명하게 하기 위해 '그들에게만 법이 있다'고 고쳐 썼다.

53 전태일, 〈근로조건 개선 진정서〉, 《내 죽음을 헛되이 말라: 일기·수기·편지 모음》,
   돌베개, 1988, 178쪽.

54 전태일, 《내 죽음을 헛되이 말라: 일기·수기·편지 모음》, 138쪽.

55 전태일, 《내 죽음을 헛되이 말라: 일기·수기·편지 모음》, 125~126쪽.

56 전태일 사건이 일어나기 몇 달 전 〈여성 소년 근로자 근로법 위반 철저 조치〉란 기
   사가 실리기도 했다. 13세 미만의 어린이 불법 근로, 시간초과 근로, 여자와 청소년
   근로자의 야간업무 등에 대해 조치하라는 지시가 노동청 전달 문건으로 제시되었
   다. 명목상 근로자 전체에게 적절한 '근로기준'을 적용해야 했으나 현실에서 이 법
   은 효력을 발휘하지 못했다(〈여성, 소년, 근로자 근로법 위반 철저 조치〉, 《동아일보》 1970.
   7. 27).

57 이 수기는 1969년 가을 무렵 쓰였다. 이 시기 전태일은 바보회 활동을 하며 근로조
   건 개선요구에 힘쓰지만 오히려 해고되는 등 좌절한다. 바로 그 시점에 어린 시절
   을 돌아보며 '나는 왜 언제나 이렇게 배가 고파야 하나'라고 묻는 글을 쓴다.

58 전태일, 《내 죽음을 헛되이 말라: 일기·수기·편지 모음》, 23~24쪽, 125~126쪽.

59 전태일, 《내 죽음을 헛되이 말라: 일기·수기·편지 모음》, 151~152쪽.

60 영화 〈바보들의 행진〉 중.

찾아보기

살아남지 못한 자들의 책 읽기

⊙ 2017년 3월 29일 초판 1쇄 발행
⊙ 2017년 10월 27일 초판 3쇄 발행
⊙ 글쓴이   박숙자
⊙ 펴낸이   박혜숙
⊙ 책임 편집   김성희
⊙ 디자인   이보용
⊙ 펴낸곳   노서출판 푸른역사
  우) 03044 서울시 종로구 자하문로8길 13
  전화: 02) 720−8921(편집부) 02) 720−8920(영업부)
  팩스: 02) 720−9887
  전자우편: 2013history@naver.com
  등록: 1997년 2월 14일 제13−483호

ISBN   979−11−5612−089−6 03900